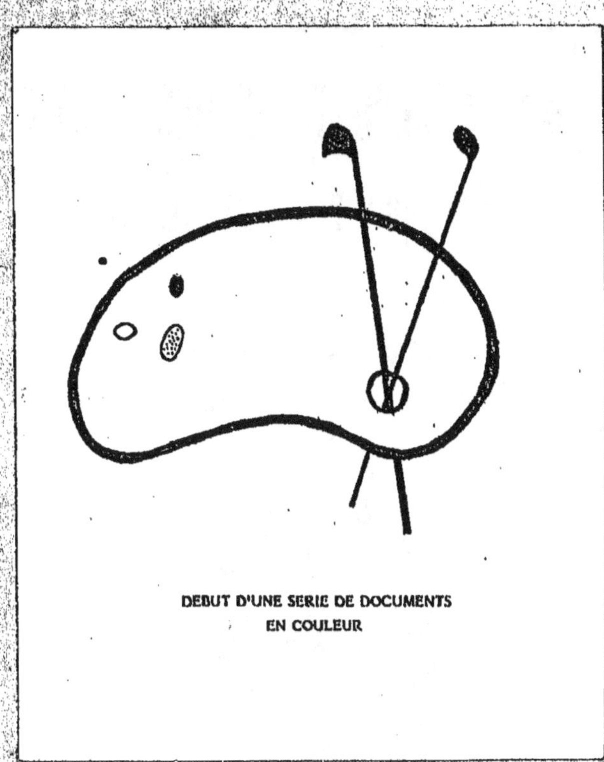

DEBUT D'UNE SERIE DE DOCUMENTS
EN COULEUR

LA

MÉTHODE APOLOGÉTIQUE DES PÈRES

DANS LES TROIS PREMIERS SIÈCLES

PAR

l'abbé Louis LAGUIER

Professeur au Petit Séminaire de Cambrai.

PARIS

LIBRAIRIE BLOUD ET Cⁱᵉ

4, RUE MADAME ET RUE DE RENNES, 59

Nouvelle Collection

LA PENSÉE CHRÉTIENNE

Textes et Études

Grands in-16 à prix divers.

Moehler, par Georges GOYAU. — 1 vol. : **3 fr. 50** ;
franco.. **4 fr. »**
Bonald, par Paul BOURGET, *de l'Académie française*, et
Michel-SALOMON, 1 vol. : **3 fr. 50** ; *franco*... **4 fr. »**
Saint Irénée, par Albert DUFOURCQ, professeur à l'Université de Bordeaux, docteur ès lettres, 1 vol. : **3 fr. 50** ;
franco... **4 fr. »**
Newman, *le Développement du Dogme chrétien*, par
Henri BRÉMOND, 1 vol. : **3 francs** ; *franco*.. **3 fr. 50**
Newman, *Psychologie de la Foi*, par le même, 1 vol. :
3 fr. 50 ; *franco*...................................... **4 fr. »**
Tertullien, par Joseph TURMEL, 1 vol. : **3 fr. 50** ;
franco... **4 fr. »**
Saint Jean Damascène, par V. ERMONI, professeur
au Scolasticat des Lazaristes, 1 vol. : **3 francs** ;
franco :.. **3 fr. 50**
Saint Bernard, par E. VACANDARD, aumônier au Lycée
de Rouen, 1 vol. : **3 francs** ; *franco*....... **3 fr. 50**
Épîtres de saint Paul, *traduction et commentaire*, par
A. LEMONNYER, O. P., professeur d'Écriture sainte.
1re partie : *Lettres aux Thessaloniciens, aux Galates,
aux Corinthiens et aux Romains*, 1 vol. : **3 fr. 50** ;
franco.. **4 fr. »**
Épîtres de saint Paul, *traduction et commentaire*,
par le même. 2e partie : *Lettres aux Philippiens, aux
Colossiens, aux Éphésiens, à Philémon, aux Hébreux.
Lettres pastorales*, 1 vol. : **3 francs** ; *franco*. **3 fr. 50**
**Évangile selon saint Matthieu. Évangile selon
saint Marc. Évangile selon saint Luc**, *traduction
et commentaire, cartes et plans*, par V. ROSE, O.P.,
professeur à l'Université de Fribourg, 3 volumes se
vendant séparément ; chaque vol. : **2 fr. 50** ;
franco.. **2 fr. 75**
Actes des Apôtres, *traduction et commentaire*, par le
même, 1 vol. : **3 fr. 50** ; *franco*............. **4 fr. »**
Épîtres catholiques. Apocalypse, *traduction et commentaire*, par le R. P. TH. CALMES, SS. CC., 1 vol. : **3 fr.** ;
franco.. **3 fr. 50**

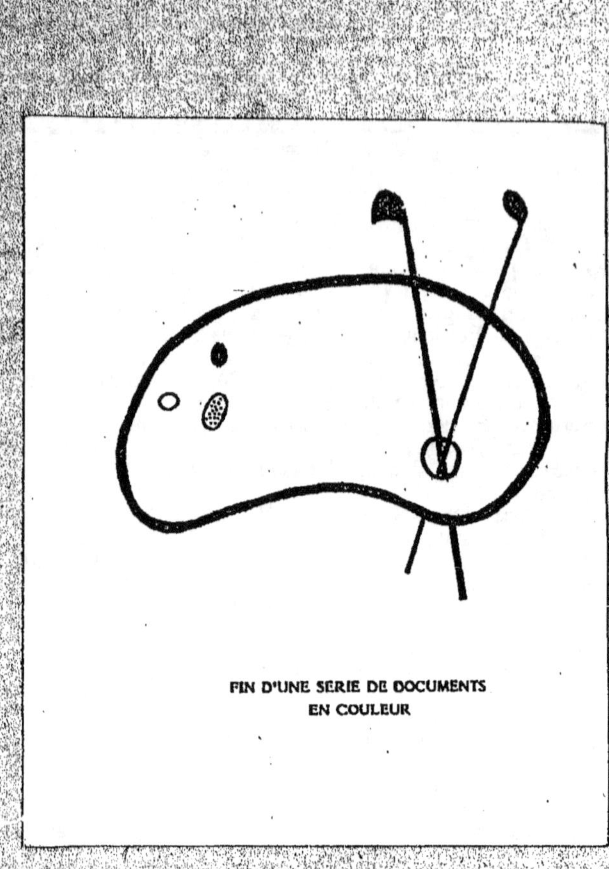

FIN D'UNE SERIE DE DOCUMENTS
EN COULEUR

SCIENCE ET RELIGION
Études pour le temps présent

LA
MÉTHODE APOLOGÉTIQUE DES PÈRES
DANS LES TROIS PREMIERS SIÈCLES

PAR

l'abbé Louis LAGUIER

Professeur au Petit Séminaire de Cambrai.

PARIS
LIBRAIRIE BLOUD ET Cⁱᵉ
4, RUE MADAME ET RUE DE RENNES, 59

DANS LA MÊME COLLECTION

INTRODUCTION

Cette étude tire son opportunité des discussions récentes sur l'apologétique. Elle a pour but de montrer comment les Pères des premiers siècles comprenaient la défense systématique et scientifique de la Révélation chrétienne. Il y a, pour qui observe d'assez près leur époque et la nôtre, des rapports d'analogie qui unissent les deux de façon indiscutable. Aujourd'hui comme autrefois, l'incrédulité a ses apôtres qui ne cessent d'attaquer l'Eglise dans son dogme, sa morale et son culte.

Pour être moins brutal qu'aux premiers siècles, cet antagonisme n'en nécessite pas moins une défense appropriée de notre croyance et un exposé solide des divers titres par lesquels elle s'impose à nous. De cette défense les Pères nous fournissent les principaux éléments ; eux-mêmes ont jeté les premiers fondements de l'apologétique chrétienne. Nous accordons que la lutte contre l'erreur prenne à chaque époque un caractère nouveau. Mais la vérité reste la même ; car elle est une, et contre la coalition d'ennemis qui la menacent, les mêmes armes ont leur valeur, de même que celles dirigées contre l'Eglise sont souvent pour la plupart empruntées à l'arsenal des premiers adversaires de la religion, quitte à s'adapter à d'autres temps et lieux. En face d'une incrédulité irréfléchie ou passionnée, il importe avant tout de déchirer le voile des calomnies qui défigurent l'Eglise, pour la faire apparaître dans toute l'élévation de sa morale et le bien-fondé de sa doctrine. Les garanties qu'elle présente à notre adhésion n'ont pas varié depuis son divin fondateur, et sont douées de la même force nécessitante et rationnelle à l'égard de tout esprit non prévenu. Elles sont environnées d'un tel éclat, qu'il n'est pas permis à la plus simple bonne foi d'en méconnaître le caractère, et chez tous elles sont de nature à provoquer une attention sérieuse. C'est pourquoi l'apologétique traditionnelle garde encore à notre époque des droits bien établis qu'aucune autre ne saurait prétendre supplanter.

On s'est beaucoup agité en ces derniers temps autour d'autres méthodes, soi-disant plus aptes à satisfaire le besoin de croire inhérent à notre nature et destinées à remédier à l'état d'esprit fâcheux des contemporains. Notre intention n'est pas d'en discuter la convenance et la plus ou moins grande efficacité pratique. Ce qu'il en faut retenir, c'est qu'elles dénotent la nécessité d'une préparation subjective rendant plus facilement acceptable le fait divin de la Révélation.

Laissant de côté toute considération sur les moyens de mieux convaincre et de réfuter l'erreur, nous étudierons, chez les Pères des trois premiers siècles, la mise en œuvre des divers points qui constituent leur méthode apologétique. Leurs arguments seront repris et enrichis, selon les besoins, dans les siècles suivants ; mais leur ensemble inaugure déjà un traité complet de la divinité du christianisme et rend à la divinité du Christ un témoignage d'autant plus autorisé, qu'il se rapproche plus intimement de la source même de toute science et de toute vérité.

LA MÉTHODE APOLOGÉTIQUE DES PÈRES
Dans les trois premiers siècles.

CHAPITRE PREMIER
Faussoté du Paganisme.

---

1. Origines. — 2. Objet. — 3. Morale.
4. Philosophie.

« Quiconque n'annonce pas la vérité, lorsqu'il pourrait le faire, est coupable devant Dieu (1). » Saint Justin exprime en ces termes la mission qu'il s'est donnée de propager la doctrine chrétienne où il vient de trouver la paix. Tous les apologistes sont animés du même désir et poursuivent la même tâche. Elle était lourde pourtant. C'est qu'en effet le point de départ d'une démonstration chrétienne, adressée au paganisme, se trouvait reculé aux plus extrêmes limites. Sous peine d'écarter tout crédit, il fallait, avant d'édifier sur un terrain commun, démolir tout un système d'étranges pratiques et d'idées fausses. Les Pères étaient d'autant mieux préparés à ce travail préliminaire, qu'ils avaient pour la plupart connu les mystères du paganisme et cherché en lui un apaisement de l'esprit et du cœur qu'ils n'avaient pas trouvé. Une fois en possession de la vérité, ils mettent à la défendre le même zèle qui les avait guidés vers elle. Obéissant à une nécessité que

---

(1) *Dialogue avec Tryphon*, ch. XXXVIII.

l'erreur des adversaires leur imposait, ils n'ont
garde de négliger le côté négatif de la thèse à
soutenir.

Bien que leurs idées ne se développent pas
avec toute la logique d'une discussion serrée,
on voit qu'ils condamnent dans la religion
païenne ses origines, son objet, sa morale et sa
philosophie.

1. *Origines.* — De quelle valeur peut se réclamer un culte dont *l'origine* psychologique est la
tendance, chez l'homme esclave des sens, à
transférer à des êtres physiques les attributs de
la divinité ? L'air, la lumière, la chaleur, les
corps célestes et les éléments divers ont enve-
loppé l'homme de leurs influences multiples,
lui ont fait sentir leur force et leur mouvement,
et l'ont conduit, par une sorte d'intimidation, à
déifier la nature. En général, les Pères insistent
peu sur cette cause du culte païen. Quelques-
uns pourtant l'indiquent assez nettement.

Athénagore, ayant jeté le ridicule sur les rapports des dieux, répond à ceux qui voudraient les
expliquer d'une manière allégorique : « Tandis
qu'ils s'agitent en tous sens pour trouver des
analogies avec la matière, ils s'écartent du Dieu
que l'esprit seul peut connaître et sont ainsi
forcés de déifier les éléments et leurs parties,
donnant à chacune d'elles un nom différent ; ils
appellent Osiris l'action de semer le blé, Bacchus le fruit de la vigne, Sémélé la vigne elle-
même... N'est-ce pas faire des dieux de tout ce
qu'ils ont rêvé ; ils se consument en vain sur la
matière et agissent comme celui qui prendrait
le navire qui le porte pour le pilote lui-même(1). »

(1) *Legat.*, ch. XXII.

Hermias se contente de railler la mésintelligence des philosophes sur ce sujet. Tertullien relève le même désaccord chez ces derniers, à qui une certaine classe de dieux doivent leur existence : les dieux physiques ou naturels (1). L'origine d'un culte, qui éclôt ainsi spontanément par simple conjecture du cerveau des philosophes, se discrédite d'elle-même : si pénétré que soit le monde de la puissance divine, jamais il ne se confondra avec sa cause qui est Dieu et à qui seul sont dus les hommages d'un culte.

Un principe d'erreur plus actif et plus direct que le naturalisme panthéistique est celui *qui procède des démons*. C'est aussi celui sur lequel les Pères s'attardent plus volontiers et plus longuement.

Ils rendent les démons responsables en bloc des égarements humains. Dans son *Discours sur l'Incarnation du Verbe* (2), saint Athanase caractérise leur action par ces paroles : εὕρεσις τῆς κακίας, l'idolâtrie est la trouvaille de l'esprit de malice. Tous les germes de polythéisme ont été implantés par eux dans la conscience humaine. Pour éviter le fractionnement de l'idée divine, Dieu, d'après Théophile d'Antioche, aurait formé Eve du corps d'Adam, afin qu'ils reconnussent un seul et même Créateur ; car déjà « Dieu prévoyait ce que *préparait le serpent*, c'est-à-dire le culte insensé de nombreuses divinités qui n'existent pas (3). » Ces germes, toujours sous l'impulsion des démons, auraient

(1) *Ad nat.*, Livre II, ch. I.
(2) Cet ouvrage ne date que des premières années du IVᵉ siècle. Si nous en parlons, c'est qu'il forme avec le *Discours contre les Grecs* un véritable traité apologétique.
(3) *Ad Autolycum*, liv. II, ch. XXVIII.

pris corps dans les vaines fictions que les poëtes ont développées. Aux récits de la Bible sur nos mystères, saint Justin oppose ceux des Grecs et des Gentils, où il voit l'effet d'une caricature diabolique ; une certaine similitude que ces fables ont conservée avec les faits bibliques devait jeter sur ces derniers le discrédit et leur laisser, pour toute créance, celle que mérite une ridicule fiction (1). Minutius Félix change les termes de cette interprétation : la vérité rendait l'erreur plus acceptable, et c'est ainsi que les auspices et les oracles les ont parfois exprimées toutes deux (2). Théophile d'Antioche est du même avis et reconnaît que les démons, s'oubliant eux-mêmes, ont parlé plus d'une fois comme les prophètes.

Pourquoi, chez les démons, cet acharnement à fausser le culte du vrai Dieu ? C'est par hostilité pour le genre humain qu'ils veulent perdre. Leur jalousie seule explique cette force malfaisante qui essaie de répandre l'œuvre de mensonge parmi les hommes. Ceux-ci, éblouis par de vains prodiges, se sont peu à peu éloignés de Dieu et lui ont substitué les démons, répartissant leurs hommages entre tous ceux qui semblaient leur présenter un caractère suffisant de puissance et de grandeur. Car, en réalité, sous la multitude des êtres auxquels les hommes rendent leurs adorations, se cachent les démons qui sont les vrais dieux des nations, ayant leurs ministres et leurs fidèles et communiquant leurs volontés par le moyen des oracles. Cette contrefaçon de la divinité est poursuivie par un grand nombre d'apologistes, en particulier saint Justin,

____

(1) *I Apol.*. liv. LIV et passim.
(2) *Octav.*, XXVI.

Tatien, Athénagore, Tertullien, Minutius Félix (1). Il faut noter la violence avec laquelle Tatien attaque les démons : « Ils se sont adonnés, dit-il, à la débauche et à l'intempérance... et voilà, ô Grecs, ceux que vous adorez, des créatures matérielles et toutes désordonnées, qui ont secoué le joug par un orgueil insensé et ont voulu s'approprier la divinité. »

Ainsi, qu'il procède de l'ignorance ou des passions de l'homme, qu'il soit dû à l'action pernicieuse des démons, le culte païen est réprouvé par le fait de ses origines.

2. *Objet*. — A qui s'adresse-t-il ? A qui rend-il les honneurs de la divinité ? Au démon, sans doute, instigateur caché du mensonge. Mais le mirage dont il abuse les hommes consiste à éblouir leur trop facile crédulité, en taillant à leur propre image l'idée de la divinité, ou même en la ramenant aux proportions d'un pur symbole. D'où seconde charge contre le paganisme : *l'objet* visible de son culte n'est que la matière personnifiée.

Consacrée d'abord à la représentation concrète des dieux, la matière ne tarda pas à s'identifier avec les êtres supérieurs dont elle était l'emblème. A mesure qu'elle perdait sa relation secrète avec la divinité, elle devenait elle-même l'objet de la vénération publique. C'est un premier aspect que les Pères condamnent.

Ils estiment qu'il est insensé d'échanger, pour des ouvrages faits de main d'homme, un Dieu simple, immatériel, sans forme et sans nom ; nul doute que les païens accordaient à l'idole,

____

(1) Saint Justin, *I Apol.*, XIV, LIV. — Tatien, *Orat.*, XII. — Athénagore, *Legat.*, XXV et XXVI. — Tertullien, *Apolog.*, XXII et XXIII. — Minutius Félix, *Octav.*, XXVII.

comme telle, une puissance supérieure. Pour s'insurger contre une pareille attribution, les Pères font ressortir le rapport de la matière à Dieu ; elle est à son égard ce que l'argile est à l'égard du potier, et de même que l'argile ne peut d'elle seule se convertir en vase, ainsi la matière doit son existence et sa forme à Dieu, l'artisan du monde (1). Faire d'elle l'objet d'un culte, c'est soumettre la divinité à toutes les imperfections des choses créées, l'exposer au ridicule, au mépris, à l'insulte, l'abandonner aux caprices de l'homme qui la travaille, l'altère ou la détruit à son gré (2).

Si, pour réduire l'absurdité du fétichisme, on ne fait qu'admettre dans l'idole la présence de Dieu, n'est-il pas offensant pour l'être divin de subir une adduction forcée sous les mille formes qu'on lui présente. Car ces formes varient suivant les villes et les nations ; et dès lors, ajoute Athénagore, « si nous sommes impies, parce que nous n'adorons pas vos dieux, toutes les cités, toutes les nations sont impies puisqu'il n'en est aucune qui adore les mêmes divinités (3) ».

Pour expliquer cette variété dans l'objet même du culte, c'est en vain que les païens faisaient appel à leurs traditions mythologiques. Celles-ci, répondent les Pères, ne sont que l'histoire d'aventures fabuleuses arrivées à des ancêtres grandis par la légende. Les dieux qu'elles exaltent sont des héros faits comme nous de chair et de sang, sujets aux mêmes passions. Les poètes racontent

(1) Athénagore, *Legat.*, XV.
(2) Justin, *I Apol.*, IX. — Athénagore, *Legat.*, XIV-XXX. — Théophile, *Ad Autol.*, liv. II, chap. II. — Tertullien, *Apolog.*, XIII. — Minutius Félix, *Octav.*, XXIII-XXVII.
(3) *Legat.*, XIV.

leur origine : Homère et Orphée font de l'Océan le père de tous les dieux ; d'après Hérodote, ces dieux auraient régné sur l'Égypte en simples mortels. Athénagore s'étend longuement sur cette explication mythique du polythéisme et le combat à tous les points de vue (1). La conclusion qu'il en déduit se réfère à la notion de la puissance et de l'éternité divines. Tertullien accorde que le culte des héros dérive des grandes actions qui leur ont mérité l'admiration de la postérité ; mais il démontre aux païens l'étrangeté d'un système qui déifie les hommes après leur mort (2). Minutius Félix insiste aussi sur le caractère humain de tous les dieux, tout en se raillant de leur origine et de leurs défauts (3).

En résumé, dans tout le tissu de fables qui formait la théogonie païenne, les Pères ne voient qu'erreur et mensonge ; rendre un culte aux dieux issus de ces fables, c'est introduire la faiblesse dans la force, le fini dans l'infini, le créé dans l'incréé ; c'est contredire à l'idée de Dieu que nous découvre la raison et que des philosophes comme Platon ont formulée. Telle est l'argumentation que dirigent les Pères contre cette apothéose de l'homme ou de la matière. Voyons quelle troisième cause ils font valoir pour la discréditer.

3. *Morale*. — La morale païenne prêtait surtout à la critique. C'est qu'en effet le culte rendu aux dieux étant la glorification du vice, tous les désordres se trouvaient par là légitimés. L'exemple des dieux couvrait les plus grands écarts moraux. Aussi saint Justin, comparant la

(1) *Legat.*, XVIII, XIX, XXVIII et XXIX.
(2) *Apolog.*, XI.
(3) *Octav.*, XXI.

religion chrétienne au paganisme, la pire école de dépravation, proclame fièrement, « qu'il s'est consacré, au péril de sa vie, au Dieu non engendré et impassible, qui jamais ne se serait excité à séduire Antiope, ou à abuser de Ganymède, qui jamais n'aurait songé à sacrifier des milliers de Grecs à Achille, fils de Thétis, furieux de l'enlèvement de Briséis » (1). Dans la seconde apologie, il est encore plus agressif ; il s'indigne des calomnies répandues contre les chrétiens, et surtout des tortures par lesquelles on arrachait aux femmes ou aux enfants l'aveu de crimes imaginaires. Ces crimes, dit-il aux païens, « vous les commettez vous-mêmes ouvertement... et pour nous justifier, nous pourrions dire que nous célébrons par l'homicide les mystères de Saturne ; si, comme vous le dites, nous nous abreuvons de sang, nous imitons votre culte envers ce Dieu que vous arrosez non seulement du sang des animaux, mais aussi du sang humain... nous suivons l'exemple de Jupiter et des autres dieux en nous livrant aux plus monstrueuses passions ; rougissez d'attribuer vos fautes et celles de vos dieux à des hommes qui n'y prennent point la moindre part » (2).

Avec la vigueur qui le distingue, Tatien flagelle l'immoralité qui caractérisait les diverses relations des dieux, et montre les fâcheux effets de corruption qu'elle a produits, en s'étalant sur les théâtres ou en se cachant sous des dehors menteurs. C'est au spectacle de toutes ces infamies qu'il fut gagné, dit-il, par l'excellence de la doctrine chrétienne (3). L'offensive est éga-

(1) *I Apol.*, XXV.
(2) *II Apol.*, XII.
(3) *Orat.*, XXI-XXXI.

lement prise par Minutius Félix : « Seuls croient
à nos crimes ceux qui osent les commettre (1). »
Théophile d'Antioche rapporte aussi les scan-
dales de la théogonie païenne et conclut par ce
fait que la plupart des dieux, s'ils sont des
hommes, sont à vrai dire les pires d'entre eux (4).

Attaquée dans son culte sous ces diverses
formes, la religion païenne est convaincue de
fausseté ; la conscience et la raison témoignent
contre elle et démontrent son insuffisance à créer
entre Dieu et l'homme les rapports d'adoration
et de soumission qui constituent un culte. Pour
unir l'homme à la divinité, il faudrait que celle-
ci fût à la fois le centre de toute vérité et de tout
bien : or, elle n'est chez les païens que simu-
lacre et scandale ; il faudrait que l'esprit de
l'homme fût préservé de toute erreur et conduit
jusqu'à Dieu par une révélation divine : dépour-
vue de cette garantie, la philosophie païenne n'a
pu aboutir qu'à l'impuissance. C'est à ce titre
que nous allons voir les Pères la condamner.

4. *Philosophie*. — La philosophie est de tout
le paganisme le seul point commun qui parais-
sait offrir avec la religion chrétienne quelque
chance d'accommodation. On peut même dire
qu'elle ne fut pas en défaveur chez bon nombre
de Pères. Elle eut sans doute ses ennemis irré-
ductibles, comme Tatien, Hermias, Tertullien.
Mais en général on lui sait gré des vérités ini-
tiales qu'elle avait su conquérir. Séduit par elle,
saint Justin lui avait accordé créance jusqu'au
jour où, désireux de lumière plus abondante, il
n'avait trouvé qu'incertitude, contradiction et
désaccord chez les meilleurs de ses représen-

(1) *Octav.*, XXX.
(2) *Ad Autol.*, liv. I, ch. IX.

tants (1). Sa théorie du *Logos* disséminé dans le monde, dont la philosophie elle-même n'est pas exclue, indique suffisamment qu'il ne lui tient pas rigueur de ses errements. Clément d'Alexandrie lui reconnaît aussi quelque mérite, celui d'avoir été une introduction, imparfaite sans doute, mais réelle au christianisme. La philosophie a conduit l'hellénisme vers le Christ, comme la Loi pour les Hébreux ; elle est donc l'œuvre de la Providence divine et le Logos est *le grand pédagogue* de l'humanité (2). Athénagore appelle les poètes et les philosophes à témoigner en faveur de l'unité divine et leur attribue une certaine parenté avec l'Esprit de Dieu (3). Minutius Félix interprète cette parenté en disant que les philosophes sont en quelque sorte des chrétiens (4) et Origène assure que la sagesse éternelle est descendue dans les esprits pour en faire les amis de Dieu.

En général, les Pères formés à l'école de Platon avouent leur sympathie à l'égard de la philosophie. Ils y ont renoncé pourtant, lui préférant la pleine lumière de la Révélation. Les motifs qui les portaient à ces préférences étaient sans doute d'ordre positif et procédaient d'un examen direct du christianisme ; mais, du même coup, apparaissait l'impuissance de la philosophie à satisfaire *l'esprit et le cœur :* telle est la raison des critiques que les Pères lui adressent.

Au point de vue *spéculatif*, ils lui reprochent de mêler l'erreur à la vérité. A côté d'affirmations positives sur l'unité divine, que d'incertitudes

(1) *Dial. av. Tryphon, II.*
(2) *Strom.*, Liv. I, ch. v. — Liv. VI, ch. v. — Liv. VII, ch. II. — Cf. plus loin pp. 61 et 62.
(3) *Legat.*, VII.
(4) *Octav.*, XIX.

et que de variations touchant les grands problèmes qui intéressent l'humanité. L'essence de l'âme n'est pas connue ; les uns soutiennent qu'elle est divine et immortelle, les autres qu'elle doit se corrompre et être anéantie. Mêmes contradictions sur l'origine du monde qui tour à tour devient périssable et éternel, créé et incréé. Tout le livre d'Hermias est fait de railleries sur les vains efforts des philosophes à cet égard. Quelque réserve que l'on doive faire sur le bien-fondé de sa méthode et l'étendue de sa critique, on ne saurait disconvenir que bien des reproches sont justes ; ils se retrouvent d'ailleurs chez tous les Pères de cette époque plus ou moins tempérés de bienveillance (1).

Au point de vue *pratique,* la philosophie fut sans effet sur les individus comme sur les sociétés. Impuissante à démontrer le bien, elle l'est plus encore à l'imposer et son autorité dans la direction des volontés est illusoire ; car l'esprit de l'homme, dit Tertullien, refuse de s'incliner devant une loi morte et n'accepte que le commandement suprême d'un Dieu personnel. Aussi les philosophes eux-mêmes n'ont pas su harmoniser leur vie et leur doctrine : les stoïciens se font de la vertu un idéal qu'aucun d'eux n'a pu réaliser ; Socrate professe un Dieu unique et sacrifie un coq à Esculape ; Diogène se glorifie de sa frugalité et meurt victime de son intempérance (2). Tant d'inconséquences sont des

(1) Saint Justin, *I Apol.,* XLIV. — Tatien, *Orat.,* XXIX. — Athénagore, *Legat.,* VIII — Théophile, *Ad Autol.,* liv. II. ch. IV-IX ; liv. III, ch. II, III, VI-VIII — Tertullien, *Apolog.,* XLVII ; *de anim.,* II — Minutius Félix, *Octav.,* XVI — Arnobe, *Adv. nat.,* liv. II, ch. VII — Clément d'Alexandrie, *Coh. ad Graec.,* VI — Origène, *Contra Cels.,* liv. IV, ch. LV ; liv. VII, ch. XLII et XLIII.
(2) Tatien, *Orat.,* II.

plus ruineuses pour la légitimité et la certitude d'un système philosophique.

L'étude de la mythologie et de la philosophie païennes, a donné la mesure des résultats, et combien pénibles, auxquels est arrivé l'esprit humain ; les échappées de vérité qu'il a pu acquérir ne font que mieux ressortir l'étendue de ses erreurs et leur influence puissante dans la vie pratique. Ce premier aperçu démontre la nécessité d'une Révélation ; sans être une preuve directe de la vérité du Christianisme, il constitue déjà une forte présomption en sa faveur. En face de superstitions grossières et d'un chaos d'opinions contradictoires, la vraie religion, celle du Christ et des prophètes, sollicite une adhésion totale. Les Pères vont nous dire de quels titres elle se réclame.

CHAPITRE II

Caractères opposés de la religion chrétienne.

1. *Son antiquité.* — 2. *Sa doctrine sur Dieu.*
3. *Excellence de sa morale.*

Nous groupons dans ce chapitre les arguments apologétiques qui font du christianisme l'antithèse absolue du paganisme.Une fois convaincu de fausseté, celui-ci dès l'instant cédait la place à la doctrine contraire qu'on pouvait supposer vraie. Il faut établir le fait de cette opposition. On peut dire qu'à ce point de vue les Pères démontrent la vérité du christianisme en se basant sur un triple caractère : son antiquité, sa doctrine sur Dieu et l'excellence de sa morale.

1. *Antiquité.* — On sait qu'un des grands reproches faits aux chrétiens par leurs ennemis était celui d'être des novateurs. D'autre part, les païens faisaient de l'antiquité de leur culte un rempart inexpugnable derrière lequel ils abritaient une obstination invincible. Il importait de ruiner cet attachement à des coutumes traditionnelles en montrant que, même sous ce rapport, la religion chrétienne avait des avantages supérieurs. Aussi les Pères soutiennent, en thèse générale, que le christianisme a pour lui le privilège de l'antiquité. Bien que l'Évangile soit de date récente, cette preuve n'est pas un paradoxe, puisque l'Ancien Testament conduit au Nouveau et contient une doctrine commune aux deux.

On a vu que saint Justin, tout en critiquant les systèmes religieux du monde païen, avait reconnu les semences de vérité qui y étaient éparses et qu'il avait expliqué ce fait par la diffusion du Logos. Il y trouve encore une autre cause : c'est l'antériorité des prophètes par rapport aux philosophes, devenus ainsi les bénéficiaires d'une vérité connue dès avant eux ; mais il ne cherche pas à appuyer cette idée sur les rigueurs d'un calcul. Il se contente de signaler les emprunts que Platon a tirés de Moyse et il ajoute : « Tout ce que vos philosophes ou vos poètes ont dit d'une âme immortelle, d'un jugement après la mort, des choses célestes et d'autres dogmes semblables, tout cela a été pris dans les livres des prophètes (1). » Tatien fait un

(1) *I Apol.*, XLIV. — Cf. aussi LIX.

étalage de preuves bien plus complet et veut asseoir sa théorie de l'emprunt sur une démonstration tout à fait sûre. Il y consacre toute une partie de son Apologie, du chapitre XXXI à XLI et prend, comme termes de comparaison, Moyse et Homère, étant les deux auteurs les plus anciens, l'un, le premier des poètes et des historiens, l'autre, le chef de toute la sagesse barbare. Pour combattre les païens par leurs propres armes, il invoque le témoignage même des Grecs et conclut que Moyse est antérieur de plusieurs siècles à Homère et à tous les autres sages. L'érudition qui nourrit cet exposé témoigne d'une grande information, mais n'est pas d'une telle sûreté, qu'elle puisse défier toute discussion.

Il en va de même pour Théophile d'Antioche. Sa chronologie est encore plus complète que celle de Tatien et tend à rejeter au delà des origines de l'histoire les écrits de Moyse et des prophètes. Il fixe à l'origine du monde une date certaine, trop précise pour être vraie.

Clément d'Alexandrie tranche aussi la question d'ancienneté au profit de la religion chrétienne et se livre à des calculs chronologiques où il réunit les témoignages les plus divers (1). Sur cette question, Clément sera suivi par toute l'école d'Alexandrie qui, à tort ou à raison, va imaginer force parallèles, où prévaudra la thèse de maints emprunts faits par le paganisme aux Livres Saints. C'est d'ailleurs à quoi tendait la démonstration des Pères relative à l'âge de la Révélation. Ils n'ont pas dissipé tous les doutes à ce sujet, et beaucoup

_____

(1) *Strom.*, liv. I, ch. XXI.

de leurs idées n'ont qu'une valeur hypothétique :
si tout n'est pas erreur dans le paganisme, on
peut, sans admettre une influence mosaïque, y
voir l'effet de la philosophie capable par elle-
même de certaines vérités.

Au point de vue de la démonstration chrétienne, quelques Pères ont forcé la valeur de
l'argument d'antiquité : en la restreignant au
fait historique de l'Ancien Testament étroitement
lié au Nouveau, ils répondaient suffisamment
au reproche de nouveauté ; en arguant de ces
attaches avec un passé aussi lointain, ils justi-
fiaient le christianisme de tout rapport avec la
philosophie platonicienne et montraient l'impos-
sibilité d'un alliage étranger. Mais aller jusqu'à
accuser l'hellénisme d'être une dérivation arbitraire de Moyse et des prophètes, c'était prendre
vis-à-vis des païens une offensive trop hardie.
Il était plus sage de constater avec Octavius que,
sur quelques points, les chrétiens sont autant de
philosophes ou que les philosophes sont autant
de chrétiens (1).

2. *Doctrine sur Dieu*. — En faisant le procès
des erreurs polythéistes, les Pères ont déjà
formulé la thèse de l'unité divine, seule exempte
de contradictions. Néanmoins ils donnent à
cette idée de longs développements, parce
qu'elle établit mieux que beaucoup d'autres la
base rationnelle de la religion chrétienne. Ils la
trouvent impliquée dans le concept même de
la divinité. Leur doctrine sur Dieu se ramène
donc à ces deux points : Dieu *existe*, Dieu *est
un*.

Il n'y avait pas superfluité à prouver aux

(1) Cf. Bareille, *Apologistes* (les Pères), dans le Dictionnaire de
théologie catholique Vacant et Mangenot, pp. 1592 et 1593.

païens l'existence de Dieu. Admise *in genere*, cette vérité avait tellement dévié de son sens rationnel qu'elle était méconnaissable ; aussi la multiplicité des dieux dont les païens avouaient l'existence cachait mal un athéisme peu déguisé. Comme la créature intelligente ou matérielle était un peu partout divinisée, il importait surtout d'établir la nature de ses rapports avec le Créateur. Tatien les réduit à cette considération : « La matière n'est pas sans commencement, comme Dieu, et n'est pas sans principe, de sorte qu'elle n'a point non plus un pouvoir égal à celui de Dieu ; elle a été créée par l'ouvrier universel et non point par un autre. » Il ajoute d'autre part : « Notre Dieu n'a pas commencé à exister dans le temps ; car il est le principe de toutes choses et ne reconnaît lui-même aucun principe. Dieu est un esprit non mêlé à la matière, mais créateur des esprits et des formes de la matière. On ne peut ni le voir ni le toucher, lui qui est l'auteur des choses sensibles et des choses invisibles (1). » Voilà donc proclamée la nécessité d'un principe premier, nécessaire, indépendant de la durée, supérieur à tout ordre de choses créées. Dieu est ce principe. Il est aussi, d'après Théophile d'Antioche, le moteur et maître de l'univers, qui est animé par lui comme le corps est animé par l'âme, comme le le vaisseau est gouverné par le pilote. Veut-on connaître ses attributs ? Il suffit d'interroger le ciel et la terre qui sont l'œuvre de ses mains et décèlent partout sa bienfaisante bonté et son infinie puissance. Il se laisse voir dans ses œuvres, comme un roi dans ses édits, ses lois,

(1) *Orat.*, IV et V.

son pouvoir et ses armées. L'ordre qui règne
dans toute la création n'est pas l'effet d'une
force aveugle, mais d'une intelligence suprême
qui est Dieu (1). Cette dernière preuve de l'harmonie dans l'univers est développée longuement
par Minutius Félix : « Quand tu lèves les yeux
au ciel, qu'y a-t-il de plus clair, de plus
avouable, de plus évident que toute la nature est
inspirée, mûe, animée et gouvernée par une
divinité de la plus admirable sagesse (2) ? » Il y
ajoute même la preuve du consentement universel qui reconnaît Dieu malgré la diversité des
noms.

Mais la cause qui a produit le monde est-elle
nécessairement unique, et sans confondre le
créateur avec la créature, ne saurait-on admettre
plusieurs créateurs ? Athénagore répond à cette
question et la résout par ce dilemme : S'il existe
deux ou plusieurs dieux, ils sont en un même
lieu ou vivent séparés. Or ils ne peuvent exister
en un même lieu, puisqu'étant dieux, incréés,
éternels, ils diffèrent l'un de l'autre ; « ce n'est
qu'entre les êtres créés et conformes à un
modèle qu'une ressemblance est possible ; il
n'en existe aucune entre des êtres incréés,
puisque, ne sortant pas d'un autre, ils n'ont pas
été formés sur lui. » S'ils vivent séparés, comme
le Dieu créateur du monde est dans son ouvrage, au-dessus et autour de son ouvrage,
aucune place n'est laissée aux autres dieux qui
ne peuvent régner que dans un autre monde.
S'il en est ainsi, leur puissance est bornée, puisqu'elle ne peut s'exercer sur nous. Il n'y a donc

_____

(1) *Ad Autol.*, liv. I, ch. v et vi.
(2) *Octav.*, XVII et seq.

qu'un seul Dieu, qu'un seul créateur du monde (1).

L'unité divine est aussi affirmée par Tatien, Théophile d'Antioche, Tertullien, mais qui n'en donnent pas une démonstration rationnelle comme celle d'Athénagore. Il faut noter ici le souci bien marqué, chez les Pères, de faire appel, dans leur controverse avec les païens, à des preuves de raison. S'adressant aussi à des chrétiens, car on ne peut douter que les chrétiens surtout lisaient ces documents, ils se réclament également de l'autorité des Saints Livres : « Chez nous, dit Athénagore, le raisonnement est fortifié par l'autorité de nos divins oracles (2). » C'est pourquoi, à côté d'un seul Dieu incréé et éternel, ils ne craignent pas de proclamer leur croyance au Verbe, Fils de Dieu, et au Saint-Esprit, s'efforçant de montrer comment cette trinité ne compromet en rien l'unité divine (3).

3. *Morale.* — L'excellence de la morale chrétienne est un des arguments décisifs, sur lesquels les Pères reviennent avec une insistance particulière, et à bon droit : la divinité du christianisme devenait pour ainsi dire plus palpable par les fruits de vertu qu'elle produisait, que par l'apport de vérités purement spéculatives et dogmatiques. Si, au sein d'une société corrompue, une totale transformation de mœurs a pu s'opérer chez les chrétiens, c'est que Dieu les a appelés au royaume de justice, de douceur et

(1) *Legat.*, VIII.
(2) *Ibid.*, IX
(3) *Ep. à Diogn.*, ch. VII. — Justin, *I Apol.*, VI, XXI, XXXII, XXXIII, LXIII, LXIV ; *II Apol.*, VI ; *Dial. av. Tryph.*, XLVIII à CVIII. — Tatien, *Orat.*, V à VIII. — Athénagore, *Legat.*, X. — Théophile, *Ad Autol.*, liv. I, ch. VII ; liv. II, ch. X, XV, XVIII.

d'amour que Jésus-Christ est venu fonder sur la terre. Eux seuls donc possèdent la vérité.

Cet exposé de la morale chrétienne prend généralement la forme d'un tableau, souvent ému, de la vie des chrétiens. Déjà la *Didaché* en donnait les premiers traits. *L'Epître à Diognète* en précise les détails avec une éloquence qui ne sera pas dépassée : « Les chrétiens ne se distinguent des autres hommes ni par le pays, ni par la langue, ni par les usages... ils restent dans leurs cités comme s'ils ne faisaient qu'y passer, ils prennent part à tout comme citoyens et souffrent tout comme étrangers. Pour eux toute contrée étrangère est une patrie, toute patrie leur est étrangère. Ils n'abandonnent pas leurs enfants ; ils sont dans la chair, mais ne vivent pas selon la chair ; dès ici-bas ils vivent en citoyens du ciel. Ils obéissent aux lois, mais leur vie est supérieure à ces lois. Ils aiment tous les hommes, et tous les persécutent. On les condamne sans les connaître ; on les fait mourir, ils naissent à la vie ; pauvres, ils enrichissent les autres ; dépourvus de tout, ils surabondent de richesses. L'opprobre dont on les couvre leur est un titre de gloire. Leur honneur est calomnié, leur innocence est proclamée ; on les maudit et ils bénissent ; on les outrage, ils n'ont aux lèvres que des paroles de respect. Ils sont irréprochables : on les punit comme des scélérats ; les tourments leur donnent la joie, parce qu'ils y trouvent la vie. Les Juifs et les Grecs sont leurs ennemis, mais ne sauraient dire la cause de leur haine » (Ch. V).

Cet admirable tableau de la vie chrétienne se retrouve en mainte apologie ; Aristide, saint Justin, Athénagore, Théophile, Clément d'Alexandrie, Origène, Tertullien se sont essayés tour à tour à faire ressortir, en un vivant contraste, la rapide transformation des mœurs opérée par le christianisme.

Un trait particulier de leur morale qu'ils aiment à mettre en relief, c'est qu'elle condamne jusqu'aux moindres pensées, jusqu'à l'idée même du mal. Les désirs de l'esprit et du cœur sont réprouvés comme les actes coupables et à charge égale : « Quel est, dit Tertullien, le code le plus sage, de celui qui dit : vous ne tuerez point, ou de celui qui étouffe la colère ? Lequel est le plus parfait, ou de condamner l'adultère, ou de ne pas permettre la simple concupiscence des yeux ? Lequel creuse plus profondément dans le cœur humain, de celui qui interdit l'action mauvaise, ou de celui qui interdit la parole malveillante ; de celui qui défend le mal, ou de celui qui défend les représailles (1) ? » Pour pénétrer dans la conscience, ce domaine caché que n'atteignent pas les lois humaines, il fallait à la religion chrétienne une autorité supérieure, que Dieu seul pouvait lui accorder et qui la plaçait bien au-dessus des religions païennes, impuissantes à produire le bien, incapables de l'imposer.

<div style="text-align:center">~~~~~~~~~~</div>

CHAPITRE III

Preuve des prophéties.

On a vu plus haut qu'Athénagore faisait valoir pour le christianisme une certitude nouvelle, celle que lui confèrent les témoignages de nos

(1) *Apolog.*, XLV.

Saints Livres (1). C'est qu'en effet les Pères n'arguent pas de la religion chrétienne comme d'un ensemble, le plus parfait sans doute, de vérités purement humaines. Ils l'estiment à plus haut prix ; ils ont la prétention bien déclarée de revendiquer pour elle non seulement une certitude rationnelle, mais aussi une certitude sanctionnée par l'autorité de Dieu. Considérée en elle-même, dans sa doctrine et sa morale, elle dépasse de très haut les religions païennes et a pour elle toutes les présomptions humaines ; mais elle a mieux : *son caractère surnaturel* lui est une garantie de vérité supérieure à toutes les autres.

Tous les Pères n'ont pas mis en lumière au même degré ce caractère surnaturel. Du moins, Origène mis à part, ils n'en traitent pas *ex professo ;* soucieux avant tout de ruiner le paganisme, ils font voir le néant des prestiges diaboliques et des faits merveilleux attribués à la magie. En face de ces vaines erreurs dont l'esprit humain s'éblouissait, il leur arrive d'exposer la vraie théorie des prodiges chrétiens, mais sans lui donner de bien grands développements.

Le premier signe, auquel se reconnaît le caractère surnaturel de la religion chrétienne, est celui des prophéties.

Sur la *force probante* des prophéties comme argument apologétique, aucun doute n'était possible, même aux païens. Bien mieux, elle acquérait à leurs yeux une autorité d'autant plus considérable que l'antiquité était pour eux un signe de la vraie religion. C'est pourquoi les prophètes jouent un rôle si important dans

(1) Voir plus haut, pag. 22, note 2.

l'apologétique du second siècle ; Notre-Seigneur lui-même avait fait appel à leur témoignage pour prouver aux Juifs sa mission divine, et les Apôtres s'y référaient sans cesse dans la conversion des âmes. D'ailleurs une fois prouvé le fait historique d'un homme envoyé par Dieu et réalisant tous les détails d'une vie prédite dans un passé de plusieurs siècles, l'évidence la plus obvie empêchait d'y voir l'effet aveugle du hasard ; car, nous dit saint Justin : « c'est le propre de Dieu d'annoncer l'avenir et de montrer réalisé ou fait ce qu'il a annoncé (1). » De là aussi cette conclusion de Tertullien : « La vérité d'un oracle est une preuve parfaite de divinité », et plus loin : « Même aux païens, nous l'espérons, la preuve des prophéties paraîtra la plus convaincante et la plus décisive (2). »

Voilà pour le fait même de la prophétie ; considéré *in abstracto*, il était impossible de le rejeter et de nier l'autorité de son témoignage. Il en fut autrement, dès lors qu'on l'appliqua à la religion du Christ. Pratiquement on en vint, parmi les païens, à contester sa *possibilité*, puis à lui *assimiler* les oracles de l'antiquité grecque ou romaine, enfin à méconnaître son *accomplissement* dans la personne de Jésus-Christ. Nous réservons ce dernier point pour un chapitre spécial sur la mission divine de Jésus-Christ. Voyons comment les Pères développent les deux premiers.

On ne saurait, disent les païens, admettre la prophétie, pour cette raison qu'elle aboutit à la fatalité. Tels actes étant prévus par le prophète et devant se produire à une échéance détermi-

(1) *I Apol.*, XII.
(2) *Apolog.*, XX et XXX.

née, leur caractère obligatoire ôte à l'homme toute liberté, puisque nécessairement il posera ces actes dans les conditions prédites. Que devient alors le libre arbitre dont Dieu nous a doués ? Par la prophétie Dieu irait donc contre sa loi et serait amené à deux solutions contradictoires. Cette objection est formulée dans le traité *Contre Celse*, où elle trouve d'ailleurs une réfutation facile.

Saint Justin aussi l'avait prévue ; voici comment il y répond : « Quand nous affirmons que les choses futures ont été prédites, nous ne voulons pas dire qu'elles arrivent nécessairement. Comme Dieu sait par avance ce que nous devons faire et qu'il a fixé à chacun des récompenses ou des peines suivant les œuvres accomplies par lui, il annonce l'avenir par l'Esprit prophétique pour forcer l'homme à réfléchir et à se souvenir ; il lui montre ainsi qu'il s'occupe et prend soin de lui (1). »

Origène s'étend plus longuement sur cette contradiction apparente que, au dire des païens, impliquait la prophétie. L'erreur, dit-il fort justement, vient d'une confusion entre les deux termes, certitude et fatalité. La certitude que puise le prophète dans la claire vue d'un événement futur est extérieure à l'agent ou aux circonstances qui vont produire cet événement ; elle n'influe en rien sur le cours des choses et surtout n'entrave d'aucune manière le libre choix entre plusieurs actes possibles. La volonté reste maîtresse de ses mouvements ; éclairé par une lumière divine, le prophète prévoit seulement dans quel sens elle va se diriger. C'est

(1) *I Apol.*, XLIV.

ainsi que Jésus a pu prédire la défection de Judas, sans la rendre nécessaire ; la faute a procédé d'un antécédent coupable, non de l'avertissement charitable du Sauveur : « Que Jésus ait prédit la trahison de l'un de ses disciples et le reniement de l'autre, il ne s'ensuit pas qu'il soit la cause personnelle de cette action odieuse et impie. Car Jésus qui, selon nous, lisait dans le cœur du traître, voyait, d'après le mal qui le travaillait, à quelle audace le porterait sa passion pour l'argent, et comprenant que son respect pour son maître était mal affermi dans son âme, il dit entre autres choses : Celui qui porte la main dans le plat avec moi me trahira (1). »

Et pour montrer à quelle absurdité conduisent de pareils sophismes, Origène cite l'exemple d'un homme auquel on dirait pour le détourner du mariage : que vous preniez femme ou non, il importe peu ; si vous êtes destiné à avoir des enfants, il vous en naîtra ; sinon, raison de plus d'abstention. De même pour un malade : s'il doit guérir, les soins du médecin sont superflus ; s'il doit succomber, ils sont inutiles.

Une objection plus conséquente était l'assimilation faite par les païens entre les oracles de l'antiquité grecque et romaine et les prédictions des prophètes. C'est encore Celse qui la formule, en faisant ressortir le peu d'estime en laquelle les chrétiens tenaient les devins de l'antiquité et la haute créance qu'ils accordaient à ceux de la Judée. Origène répond qu'il pourrait se prévaloir du sentiment d'Aristote, des péripatéticiens et des épicuriens pour ruiner la valeur des oracles et en montrer la fausseté. Il n'usera pas

____

(1) Matth., XXVI, 23.

de cet avantage ; il ira même jusqu'à admettre quelque action mystérieuse et surnaturelle dans l'exercice de divination pratiqué par la Pythie et autres prophétesses.

Sur la nature de cette action bien des réserves sont à faire. En tout cas, le sens à lui donner s'indique de lui-même, d'après l'interprète chargé de communiquer les oracles, première note de crédibilité qui rend compte du mépris des chrétiens pour les supercheries du paganisme. Voyez, dit Origène, quel organe vil et commun Apollon s'est choisi pour rendre ses oracles. La Pythie est une prêtresse sans pudeur ; comparez-lui ces sages inspirés par le Tout-Puissant et choisis par la Providence pour être les dépositaires de l'Esprit-Saint. Leur genre de vie n'est pas d'imitation facile, mais laisse voir une héroïque constance au milieu des périls et en face de la mort ; c'est pour la vérité qu'ils allaient couverts de peaux de brebis et de chèvres, indigents, affligés, persécutés, errants dans les déserts, sur les montagnes, dans les grottes et les cavernes, toujours occupés de Dieu.

Autre caractère des divinations païennes qui les différencie profondément des prophéties : le détail des circonstances où elles se produisent. C'est par des moyens immondes que l'inspiration s'empare du sujet pour lui rendre possible la vue des choses futures ; non moins grossier le théâtre où cette inspiration se complaît : la fumée et le sang des victimes sont ses auxiliaires préférés ; elle ôte au corps tous les sens, à l'esprit toute réflexion, ne favorise que les affaires de la vie civile ou naturelle, les profits ou avantages de la vie terrestre. Que nous sommes loin de l'effet produit par l'Esprit divin dans les prophètes : ici le corps n'est plus un canal indispensable qui conduit l'inspiration à travers toute une série d'excitations malsaines ; le prophète garde tous ses sens et jouit de la présence de l'Esprit de Dieu ; et qu'a-t-il en vue, sinon des intérêts spirituels qui se ramènent à la gloire de Dieu et au bien des âmes.

Enfin les résultats des oracles païens sont ceux qu'on devait attendre de pratiques immorales ; de réforme des mœurs, il n'en était pas question. Celui même que les devins ont déclaré le plus sage des hommes, Socrate, a peut-être dû son renom de sagesse moins à sa philosophie et à ses vertus, qu'aux victimes qu'il faisait fumer en l'honneur du Dieu de Delphes et de tous les autres esprits immondes. Bien différente fut l'influence exercée par les prophètes de la Judée ; aussi « leurs contemporains recueillirent et conservèrent leurs oracles, afin que la postérité en les lisant pût les admirer comme la parole de Dieu, profiter non seulement de leurs censures et de leurs avertissements, mais encore de leurs prédictions dont l'accomplissement attestait l'inspiration divine, et par là obéir à la loi ainsi qu'aux prophètes. Voilà pourquoi les prophètes ont énoncé sans obscurité, conformément à la volonté de Dieu, tout ce qui, s'appliquant à la réforme des mœurs, devait être compris sur-le-champ par les auditeurs (1). »

Si variée que fût la tactique employée par les païens pour déprécier la somme de certitude acquise au christianisme par les prophéties, celles-ci restaient comme un argument d'autant

_____

(1) *Contra Cels.*, liv. VII, ch. III à XII.

plus décisif en sa faveur, que le contraste des prédictions païennes apparaissait comme une contrefaçon habile opérée par le démon, et faisait ressortir la pureté du modèle et la vérité de son contenu. Origène était en droit d'affirmer qu'un des plus grands caractères de la divinité d'une doctrine était l'annonce des choses futures, d'une manière qui dépasse les forces de la nature humaine et fait reconnaître l'Esprit de Dieu comme l'auteur des prophéties.

CHAPITRE IV

Preuve des miracles.

L'argumentation d'Origène sur les miracles a bien des rapports avec la précédente ; rien d'étonnant à cela, puisque la prophétie n'est qu'une forme particulière du miracle. Elle est dans l'ordre intellectuel ce que le miracle est dans l'ordre physique et moral. Au reste, tous deux ont une grande valeur démonstrative qu'aucune apologétique n'a méconnue. Toutefois aux premiers siècles la prophétie a sur le miracle un droit de primauté que légitime la haute antiquité de ses auteurs ; aussi les apologistes sont assez réservés dans le parti qu'ils tirent des écrits des Apôtres et des miracles de Notre-Seigneur (1). A vrai dire, ce second motif de crédibilité ne leur est pas étranger, mais ne

(1) Voir surtout Justin (*I Apol.* XXX). Craignant qu'on lui objecte que les prodiges du Christ sont dus à la magie, il préfère n'en rien dire et passe, sans plus de façon, à la preuve des prophéties, dont il espère plus de succès vis-à-vis des païens.

trouve sa théorie complète que dans Origène. Les autres interdisent surtout l'assimilation entre les miracles chrétiens et les prestiges des magiciens ; de là la distinction qu'ils établissent entre les vrais et les faux miracles. Ce dernier point de vue leur suffisait d'ailleurs : pourquoi s'étendre sur l'existence du miracle, puisque les récits merveilleux du paganisme en étaient une reconnaissance implicite ? Pourquoi en dégager l'importance, en tant qu'indice d'une doctrine sûre, quand les païens eux-mêmes prétendaient baser sur ces aventures mythologiques le bien-fondé de leur culte ?

La *possibilité du miracle* est établie par Origène à propos du dogme de la résurrection de la chair, dont Celse se raillait. Voyant dans le miracle une simple manifestation de la toute-puissance divine, il explique d'abord le texte : « tout est possible à Dieu », et en exclut les choses mauvaises et celles qui impliquent contradiction. Voilà donc rejetée la théorie qui met le miracle au service du mal ou de l'erreur. Même en dehors de ces limites, le miracle n'est-il pas contraire à la nature dont les lois sont violées ? Non ; car il y a « des choses au-dessus de la nature qui sont au pouvoir de Dieu, comme, par exemple, quand il élève l'homme au-dessus de la condition humaine pour le faire participer à une nature supérieure (1). » Ainsi le miracle est une action qui s'effectue en dehors des causes secondes, qu'il n'enfreint ni ne supprime d'aucune manière ; il s'exerce dans un ordre supérieur au nôtre et rien ne s'oppose à sa réalisation.

Vis-à-vis des païens un autre argument non

____

(1) *Contra Cels.* liv V, ch. XXIII.

moins irréfutable était à faire valoir qui dérivait de l'existence des faux miracles. En admettant ceux-ci, Celse était forcé de reconnaître l'existence des vrais ; il la niait pourtant d'après cette parole de Notre-Seigneur sur l'Antéchrist : un certain Satan opérera des prodiges. Il se hâtait de conclure que « c'était déclarer par là que ces prodiges, au lieu d'être le sceau de la divinité, n'étaient que l'apanage des méchants ». Origène n'a pas de peine à démontrer l'erreur d'une déduction si arbitraire : « Eh quoi ! les mauvais démons feraient par leurs prestiges des choses extraordinaires, et la nature divine y serait impuissante ? La vie des hommes exposée au mal ne pourrait recevoir aucun bien ? Il est, à mon avis, un principe supérieur d'après lequel, partout où le mal prend l'apparence du bien, il faut que le bien s'oppose au mal... Il faut donc tout à la fois nier l'existence du bien et du mal, ou en admettant l'un, et surtout le mal, admettre aussi le bien. Accepter les opérations de la magie et nier les actes de la vertu divine, c'est prétendre que la vérité ne se trouve nulle part parmi les hommes (1). »

Restait à réfuter le parallèle imaginé par les païens entre les vrais et les faux miracles. Cette question est plutôt traitée que la première ; car sur elle se portait en somme tout l'effort de la controverse : il fallait venger le surnaturel divin de ses basses contrefaçons, suscitées par le démon, et détruire une confusion si préjudiciable à la vérité chrétienne.

Un des points que les apologistes s'attachent tout d'abord à mettre en relief, c'est *la force*

(1) *Loc. cit.*, liv. II, ch. LI.

supérieure dont est doué le miracle chrétien. Cette force dépasse de bien loin les faibles tentatives de l'esprit du mal, qui pour les hommes de peu de sens apparaissent comme merveilleuses, mais qui échouent misérablement par l'effet d'une prière ou d'un simple signe de croix. Ainsi le chrétien a le pouvoir de réduire à néant ces fameux prestiges dont se targuent les païens. Qu'on juge par là de leur valeur. « Il y a, dit saint Justin, par tout l'empire et dans cette capitale des démoniaques que ni adjurations, ni enchantements, ni philtres n'ont pu guérir. Nos chrétiens, au nom de Jésus crucifié sous Ponce-Pilate, les guérissent, maîtrisent et chassent des hommes les démons qui les possèdent (1). » Théophile d'Antioche proclame le même pouvoir : « Quand ces esprits d'erreur sont adjurés de sortir au nom du vrai Dieu, ils confessent qu'ils étaient les mêmes démons qui inspiraient autrefois les écrivains profanes (2). » Les bizarres effets que produisent les démons dans le sujet qu'ils possèdent, sont donc soumis à une variabilité que n'admet point le vrai miracle. Celui-ci n'est subordonné à aucune puissance créée, premier signe qui le caractérise.

Et pour une telle efficacité, *quels moyens* sont employés ? On l'a vu, une simple invocation du nom de Jésus. C'est bien là que se reconnaît la garantie divine qui désigne à la confiance des hommes l'œuvre ou la doctrine qu'elle vient sceller. Point de ces formules imprécatoires et magiques par lesquelles les enchanteurs accomplissent leurs supercheries ; car tel est bien le nom que leurs œuvres méritent. Tertullien

(1) *II Apol.*, VI.
(2) *Ad Autol.*, liv. II, ch. VIII.

excelle à nous dépeindre toutes les extrava-
gances qui accompagnaient les faux prodiges :
« Voyez ceux qu'on croit agités par un dieu ; la
bouche béante sur l'autel, ils hument la divinité
avec la vapeur, parlent avec de violents efforts,
et n'envoient de leur poitrine haletante que des
mots entrecoupés (1). » A de tels effets se trahit,
ajoute Tertullien, l'influence maligne des
démons, « qui remue et corrompt les âmes, les
jette dans des accès de fureur et de démence,
leur souffle d'infâmes passions, les offusque par
mille erreurs, dont la plus grave est celle qui fait
prendre à l'homme, ainsi trompé et circonvenu,
ces démons pour des dieux, au point d'offrir
comme aliments à leurs simulacres et à leurs
images l'odeur des sacrifices et des parfums. »
L'appareil extérieur dont s'entourent les magiciens sert donc à éblouir les yeux, pour obtenir
plus facilement un acquiescement de la volonté
au culte des démons. Il couvre mal, par son
étrangeté ridicule, un fond d'erreur et de mensonge. Les statues pourtant sont dépourvues
de cet appareil, et les païens ne laissent pas de
leur attribuer certains effets. Athénagore explique ce fait par de folles imaginations dont
l'âme, transportée hors d'elle-même, devient la
dupe. Elle se crée, sous l'influence du démon,
de vaines images et leur accorde bientôt une
existence réelle, portée qu'elle est vers les choses matérielles, et d'autre part oublieuse des
choses célestes (2).

Les moyens employés disent assez quelle
est *la fin* de tous ces faux miracles. Alors que
Jésus-Christ a voulu par ses miracles établir sa

(1) *Apolog.*, XXIII.
(2) *Legat.*, XXVII.

doctrine dans le monde, le magicien veut édifier sa gloire ou grossir ses revenus. Et par delà cet intérêt secondaire, Tertullien dénonce le souci constant chez les démons de causer la perte de l'homme en l'attirant vers les choses basses et terrestres : « Leurs opérations, dit-il, ont pour but unique la ruine de l'homme, et dès le berceau du monde, leur malice s'est signalée par sa perte... Leur plus grand bonheur est d'éloigner l'homme du vrai Dieu par leurs prestiges et leurs oracles mensongers... A quoi bon citer les impostures et les prestiges de ces esprits trompeurs, ces fantômes sous la figure de Castor et de Pollux, l'eau qu'une vestale porte dans un crible, le vaisseau qu'une autre tire avec sa ceinture, cette barbe qui devient rousse sous la main qui la touche ? Et pourquoi tous ces prodiges ? Afin qu'on adore des pierres et que l'on ne s'occupe plus du vrai Dieu (1). » Une doctrine soutenue par de tels résultats porte en elle-même sa condamnation, et le thaumaturge païen, qui s'en fait le propagateur, en vain se battra les flancs : il n'obtiendra jamais que des effets grotesques, parce que l'esprit mauvais l'inspire et laisse percer dans ses œuvres ses. intentions malfaisantes et corruptrices.

Il est facile par là de démêler, sans danger de confusion, la nature d'un miracle, d'après le but en faveur duquel il est réalisé. C'est pourquoi, ajoute Origène avec raison, quand nous voyons les miracles de Moyse et de Jésus servir de fondement à deux grandes sociétés, n'est-il pas évident qu'ils attestent la vertu divine et ont été opérés par ceux auxquels l'Ecriture les

____

(1) *Apolog.*, XXII.

attribue ? D'ailleurs la conversion de l'humanité n'est-elle pas un fait sans exemple dans l'histoire des peuples ; et comment l'expliquer sans les miracles du Christ et des Apôtres qui en furent le point de départ, sans la transformation des mœurs qui en fut la conséquence (1).

Le miracle chrétien est donc divin par le fait de son origine, de son efficacité et de sa fin. Origène lui reconnaît enfin un *caractère historique*. Encore ici il avait beau jeu. Les miracles de Jésus, de ses disciples et des chrétiens ont lieu au grand jour ; parmi ceux qui les publient, beaucoup en furent les témoins et leur sincérité est telle qu'ils ne craignent pas de l'affirmer par le sacrifice de leur vie. Mis en regard de cet éclatant témoignage, les prodiges relatés par les poètes ne sont que « fictions, chimères et jongleries », dont le souvenir se perd au delà de tout monument historique. Légendes que les merveilles attribuées à Esculape, Bacchus, Hercule, Aristée, Hermotime, Cléomède, Abaris, Antinoüs. Aucun document sérieux ne les confirme. Tout l'avantage sur ce point est encore, à bon droit, revendiqué par la doctrine catholique.

La preuve des miracles ajoutée à celle des prophéties établit déjà d'une façon péremptoire la vérité du christianisme ; mais dans le travail d'édification auquel aboutit l'apologétique chrétienne, tous les obstacles ne sont pas levés et la structure des parties n'est pas complète. Aux apologistes il reste à montrer le point de jonction qui unit le Nouveau et l'Ancien Testament. La religion nouvelle a la prétention d'être, en quelque sorte, l'épanouissement et le but du

---

(1) *Contra Cels.*, liv. II, ch. L à LIII.

mosaïsme. Ces attaches à un passé aussi lointain lui ont valu, dans l'offensive qu'elle a menée contre le paganisme, un allié avec qui elle défendait des intérêts communs. Elle s'en sépare maintenant. Jésus-Christ, son divin fondateur, n'est pas reconnu des Juifs comme le Messie promis aux hommes. Leur obstination se cantonne dans les limites du passé et se ferme à l'introduction de tout élément nouveau. Pour en avoir raison, les Pères ajoutent à leur apologétique une preuve qui précise encore le caractère de la religion chrétienne : la mission divine de Jésus-Christ. Tel est l'objet du chapitre suivant.

CHAPITRE V

Mission divine de Jésus-Christ.

1. *Témoignage des prophètes.* — 2. *Témoignage de Jésus-Christ.* — 3. *Abolition du judaïsme.*

Tant que l'alliance judéo-chrétienne allait à proclamer l'existence d'un Dieu unique et le fait d'une Révélation par lui transmise aux hommes, nul désaccord n'était possible. La divinité de Jésus-Christ fut une cause de rupture inéluctable. C'est donc sur l'Homme-Dieu que se concentrait la controverse religieuse entre Juifs et chrétiens. Si le Messie est apparu, la religion chrétienne n'est pas, comme le prétend la Synagogue, une dérivation mauvaise de l'ancienne Loi, mais le nouveau royaume qui supplante l'ancien et s'ouvre à tous les hommes. Jésus-Christ en est le chef. Pour établir sa mission divine, les Pères font appel à trois ordres de preuves, le témoignage des prophètes, celui de Jésus-Christ lui-même, et la démonstration du caractère temporel du judaïsme.

1. *Le témoignage des prophètes* adressé aux Juifs revêt chez les Pères un autre caractère que dans la controverse avec les païens. A ceux-ci il fallait montrer que rien d'analogue ne se trouvait ni dans leur culte ni dans leur histoire et opposer aux légendes de leurs devins les garanties de vérité des prophètes. La discussion commençait à atteindre les Juifs, dès l'instant que la réalisation des prophéties était prouvée comme un fait certain. Ce fait prouvait deux choses : que les prophètes étaient inspirés de Dieu, voilà pour les païens ; que Jésus avait rempli toutes les conditions du Messie attendu et prédit, voilà pour les Juifs. Tous, donc, y avaient part ; de là résulte l'importance accordée aux prophéties et à leur accomplissement. C'est un argument « qui restera classique » et formera toujours une des bases les plus solides de l'apologétique chrétienne.

Saint Justin s'y arrête longuement dans la *Première Apologie* et surtout dans le *Dialogue avec le Juif Tryphon*. Là il rapporte tour à tour les prédictions de Moyse (1), d'Isaïe (2), de Michée (3), de David (4), qui annoncent la naissance, les miracles, la mort, la résurrection, l'ascension et la gloire du Sauveur. Il y trouve

(1) *Gen.*, XLIX, 10-11.
(2) *Is.*, XI, 1, 10 — VII, 14 — IX, 6 — LXV, 2 — LVIII, 2 — I, 3, 4 — LXVI, 1 — I, 11-15 — LVIII, 6 — L, 6-8 — II, 3, 4 — XXXV, 5, 6 — LVII, 1, 2 — LIII, 1-12 — LII, 13-15.
(3) *Mich.*, V, 2.
(4) *Ps.*, XXI, 17, 19 — III, 6 — XVIII, 3-6 — I — II — XCV, 1, 2, 4-10.

les grandes lignes de la vie de Notre-Seigneur parfaitement circonstanciées et non moins exactement réalisées, d'où il conclut avec raison : « Pour l'homme qui cherche de bonne foi la vérité et n'est pas l'esclave des vains systèmes ni d'aucune passion, rien n'est plus propre à produire la foi et une conviction raisonnable que cet ensemble d'autorités si graves (1). »

Dans le *Dialogue avec le Juif Tryphon*, saint Justin reprend la même application des prophéties messianiques à la personne de Jésus-Christ et refait d'après elles l'histoire anticipée du Messie. Il revient aussi sur une idée qu'il avait indiquée dans la *Première Apologie*, celle des deux avènements du Messie. Elle était destinée à rétablir dans sa pureté primitive la conception messianique que le sens grossier des Juifs avait étrangement défigurée. Volontiers ils prêtaient au Messie les hautes visées et l'esprit dominateur d'un conquérant, qui devait les affranchir et leur donner sur tous les peuples l'ascendant de la force et de la gloire. Étrange illusion d'un sot orgueil qui s'autorisait de certaines descriptions enthousiastes du royaume futur pour s'affirmer avec plus d'arrogance. Il faut bien dire que de voir ce royaume se fonder sous d'aussi humbles apparences, était pour leurs rêves une déception trop cruelle pour ne pas les conduire à une obstination irréductible. A Tryphon qui refuse de reconnaître le Messie dans cet homme humilié, maltraité, crucifié que fut Jésus, saint Justin répond que le premier avènement n'a pas d'autre caractère que celui de la souffrance et de la mort, et que le second, si mal compris des

____

(1) *I Apol.*, LIII.

Juifs, est à échéance lointaine ; il n'aura lieu qu'à la fin des temps : alors seulement Elie devra paraître et manifester le Christ (1). Dans la controverse présente, le premier avènement peut seul être l'objet d'une discussion qui en vérifie les divers points. Or, ces points sont les suivants : Jésus-Christ est le fils de Dieu, créateur de toutes choses ; il existait avant les siècles, il est Dieu lui-même, et l'Esprit-Saint l'appelle souvent du nom de Fils, Sagesse, Dieu, Seigneur et Verbe (2). En même temps que sa divinité, est affirmée dans les prophéties sa naissance surnaturelle ; le Fils de Dieu est aussi Fils de l'homme ; il a bien voulu naître d'une Vierge selon la volonté de son Père, se faire homme, souffrir le supplice de la croix et mourir pour ressusciter ensuite et remonter aux cieux (3). Toutes ces phases ont été successivement remplies par Jésus-Christ, et par Jésus-Christ seul. N'est-ce pas la preuve la plus éclatante de sa mission divine ?

Au second livre de ses *Témoignages contre les Juifs*, saint Cyprien fait le même tableau des prophéties messianiques, qu'il groupe suivant les divers rôles réalisés par Jésus-Christ. Il rassemble autour des événements où la vie du Sauveur s'est déroulée, où ses perfections divines se sont dévoilées au monde, les textes bibliques qui s'y rapportent. Il suit dans cet exposé le même ordre que saint Justin ; c'est ainsi qu'il traite tour à tour de la divinité du Verbe, de sa sagesse, de son incarnation, de sa naissance d'une Vierge à Bethléem, de ses humi-

(1) *Dial. av. Tryph.*, XXXII et XXXIII.
(2) *Ibid.*, XLVIII à LXIII.
(3) *Ibid.*, LXIII à CVIII.

liations, de sa mort, de sa résurrection, et de sa seconde venue parmi les hommes à l'époque du jugement final. Ces rapprochements entre le type messianique annoncé par les prophètes et la personne de Notre-Seigneur qui en reproduit les moindres traits, sont présentés dans une simple juxtaposition, mais n'en constituent pas moins un puissant motif de croire en Dieu et en son divin Fils, Jésus de Nazareth. C'est à quoi tendait le livre entier, suivant les paroles mêmes de saint Cyprien : « Puisse la lecture de cet ouvrage jeter dans les âmes les premiers éléments de la foi. »

Le traité de Tertullien *Contre les Juifs* développe les mêmes idées du chapitre VII à XIV. La thèse est formulée dans cette double question : le Christ, dont l'avènement était annoncé, est-il venu? ou bien attendons-nous encore le Christ qui doit venir? Tertullien insiste dans la réponse, sur la prophétie de Daniel relative au temps prédit et marqué pour la naissance de Jésus-Christ et la ruine de Jérusalem. Bien que sa chronologie ne soit pas des plus sûres, il conclut à une concordance parfaite entre l'annonce des choses futures et la date de leur apparition réelle. Puis reviennent la plupart des textes allégués par saint Justin, en particulier celui d'Isaïe sur la Vierge-Mère. S'il vous répugne d'admettre la conception virginale, répond-il aux Juifs, confessez toutefois que le prophète la présente comme une étonnante nouveauté. C'est enlever à cet oracle sa force et tout son sens que d'y voir le fait d'une conception ordinaire, puisqu'il nous parle d'une Vierge-Mère comme d'un signe, auquel se reconnaîtra la naissance du Rédempteur promis.

La suite des prophéties se termine par une interprétation du double avènement de Jésus-Christ, comme nous l'avons vu exposé dans saint Justin. Ce n'est pas d'ailleurs le seul endroit où l'influence du grand apologiste se fait sentir sur Tertullien ; pour discrète qu'elle soit, elle se trahit en maints passages du *Traité contre les Juifs*. On ne saurait le lui reprocher ; la lice ouverte par saint Justin laissait libre champ aux apologistes, ses successeurs ; mais les voies qu'il avait frayées s'offraient d'elles-mêmes à l'esprit soucieux de trouver un guide sûr à travers le dédale des erreurs et contradictions humaines. On pouvait soupçonner qu'elles seraient fidèlement suivies.

2. — Au témoignage des prophètes s'ajoute *celui de Jésus-Christ lui-même*. Ceux-là ont dit les signes auxquels se reconnaîtrait l'envoyé de Dieu. Jésus-Christ non seulement les présente tous, donnant ainsi de sa mission divine les plus sûres garanties ; mais encore à ceux qui fermeraient les yeux à l'évidence palpable de ce fait historique, il donne une attestation nouvelle, en affirmant qu'il est le Messie, et, pour le prouver, en accomplissant des œuvres qui dépassent les forces de toute puissance créée : c'est une féconde ressource pour l'apologétique chrétienne.

Les Pères vont-ils en tirer parti ? Ceux des premiers siècles, nous l'avons vu, semblent ignorer cet argument. Saint Justin nous dira bien que Jésus est ressuscité et que l'histoire de l'enlèvement par les disciples est pure légende, de source juive ; ce miracle sera mentionné par lui, comme l'accomplissement du signe figuré dans l'Ancien Testament par le prophète Jonas. Mais saint Justin ne songe pas à tirer de là une preuve, la mieux fondée de toutes, en faveur de la mission divine de Jésus-Christ. Le point de vue des prophéties domine donc, chez les premiers apologistes, toute autre démonstration.

Comment expliquer cette préférence ? Est-elle le résultat d'une interpolation, comme l'ont prétendu Reuss et Schürer ? Une main habile aurait-elle, dans les siècles postérieurs, glissé l'histoire des miracles pour donner à la foi en Jésus-Christ une autorité plus rationnelle et convaincante. Ainsi s'expliquerait le silence des Pères, qui, d'après Reuss, n'auraient pas négligé un témoignage aussi décisif, s'ils l'avaient trouvé dans les Saints Livres. Cette explication ne tient pas et ne vaut pas contre les auteurs, et ils sont nombreux, qui ont lu et commenté les miracles de Jésus. D'ailleurs nous pourrions, avec autant de raison, retourner l'argument et prétendre qu'on a supprimé dans les ouvrages des Pères les passages relatifs aux miracles de Jésus-Christ (1). Quoi qu'en disent nos adversaires, ces miracles étaient connus des Pères ; s'ils sont rarement utilisés, c'est que Juifs et païens acceptaient plus volontiers l'argument des prophéties, les uns parce que la Loi les contenait toutes, les autres parce qu'elles remontaient à la plus haute antiquité (2).

(1) Cf. DANKO, *Historia revelationis divinae N. T.* — KNELLER, *Stimmen aus Maria Laach*, 161-174 (1897).
(2) Il faut noter ici l'attitude de Tertullien à l'égard des miracles. « Il déclare que le Christ a fait des miracles et que ces miracles l'ont révélé aux hommes comme le *logos* de Dieu. Il estime donc que les prodiges accomplis par le Sauveur étaient capables de prouver non seulement sa mission céleste, mais sa divinité elle-même. Mais, d'autre part, il constate que les compatriotes du Christ, qui furent témoins de ses prodiges, les mirent sur le compte de la magie. Il avoue ainsi implicitement que la preuve des miracles n'a pas de prise sur les Israélites. Et c'est sans doute pour cela que, dans son traité *Contre les Juifs*, il la passe sous silence. Aura-t-elle du moins quel-

Il faut aller jusqu'à Origène, pour voir mise en lumière la portée apologétique des miracles de Jésus. Sa controverse avec Celse l'y conduisait d'ailleurs. Comme celui-ci admettait du récit évangélique ce qu'il trouvait favorable à sa cause et rejetait ce qui lui était contraire, Origène lui reproche sa mauvaise foi et estime déraisonnable « de ne consulter que la passion pour admettre ou repousser la déposition des mêmes témoins ». Celse insistait à plaisir sur les conditions ordinaires de la naissance et du baptême de Notre-Seigneur, voyait dans les outrages et supplices de sa Passion une marque de faiblesse tout humaine : Jésus, s'il était Dieu, n'aurait pu subir de tels abaissements. On le voit, c'était donner créance aux Evangiles, mais créance provisoire, puisque, dans le domaine des choses surnaturelles, tout était nié par Celse. Origène va donc montrer, dans tous les événements de la vie de Notre-Seigneur, les faits surnaturels et divins côtoyant les faits humains. Ceux-ci attestent qu'il est vraiment homme, ceux-là qu'il est vraiment Dieu. Au pauvre enfant qui vient de naître les anges offrent leurs hommages ; lors de son baptême, les cieux proclament sa gloire et une voix céleste publie sa divinité. Il est soumis à toutes nos infirmités ;

que prise sur les païens ? Oui, lorsque, préalablement, on aura pu les convaincre de la réalité des faits allégués. Mais comment leur donner cette conviction ?... Tertullien ne voit d'autre moyen d'arriver à ce but que de renvoyer ses lecteurs aux *Archives* et aux *Actes de Pilate*. Et, comme s'il n'osait compter sur leur efficacité, il ajoute, en s'appuyant sur le témoignage des puissances spirituelles : « Nous vous apporterons des témoins du Christ dignes de votre confiance, puisque vous les adorez. » On le voit, les miracles évangéliques sont, aux yeux de Tertullien, des motifs de crédibilité tout à fait accessoires. Il leur appliquait sans doute cette observation qu'il fait dans le *De Testimonio* au sujet de l'Ecriture : Pour y croire il faut déjà être chrétien. » Turmel, *Tertullien*, p. 41 (Libr. Bloud — La Pensée chrétienne) — Voir aussi ADHÉMAR D'ALÈS, *La théologie de Tertullien* (Beauchesne, Paris, pp. 22-25).

mais il guérit celles de ses frères. Le crucifie-
ment et la passion semblent faire de lui la
victime de la souffrance : toutes sortes de prodiges révèlent que dans le crucifié une puissance
divine réside, qui le rend maître des éléments
et lui en fait disposer à son gré.

Cette antithèse se parachève dans le mystère
de la Résurrection. Origène met à l'expliquer
une insistance particulière, que légitime la
haute portée de ses conséquences. Il écarte d'a-
bord les fausses apparitions d'anciens héros, qui,
descendus aux enfers, seraient ensuite retournés
parmi les hommes. Tout cela n'est qu'im-
posture ; leur mort ne fut l'objet d'aucune
constatation ; leur disparition d'entre les
hommes est une absence voulue, prolongée
tout à plaisir pour mieux tromper les hommes.
Quant à Jésus, il meurt à la vue de tout un peuple, et apparaît aux yeux de nombreux témoins,
qui n'adhèrent à la réalité qu'après bien des
lenteurs et bien des doutes. Malgré toutes les
objurgations des Juifs, la résurrection de Jésus-
Christ est par excellence l'œuvre merveilleuse
qui confirme à la face des peuples la vérité de
sa mission divine (1).

A la suite d'Origène, Arnobe base sur les faits
miraculeux attribués à Jésus la certitude de sa
divinité. A vrai dire, l'ensemble de sa démonstration n'est pas de celles qu'une orthodoxie,
même bienveillante, pourrait ratifier sans scru-
pule, et l'on se demande comment il concilie ces
deux idées, à savoir, que Jésus est Dieu, que
néanmoins il est subordonné au Père.

Laissant de côté les erreurs où il s'égare si

____

(1) *Contra Cels.*, liv. II, ch. XLVIII à LXXIV.

facilement, quand il s'agit d'un dogme à édifier, voyons l'apport qui, de son traité *Contre les Gentils* se dégage en faveur de la mission divine de Jésus-Christ.

Ce qu'il note dans les miracles de Notre-Seigneur, c'est leur efficacité immédiate, résultat d'un signe, d'un geste, d'une prière, s'appliquant aux infirmités les plus diverses. Une puissance aussi merveilleuse relève de Dieu, puisque jamais elle ne s'est rencontrée aussi parfaite parmi les hommes. Ou plutôt ceux-ci l'ont exercée, mais par l'effet d'une transmission de pouvoir. Ceux qui en furent les premiers bénéficiaires étaient de simples ouvriers, des pêcheurs ignorants et incapables. La foi est la seule condition requise pour opérer de tels prodiges, suivant ces paroles du Christ : « Celui qui croit en moi fera les œuvres que j'accomplis moi-même et de plus grandes encore (1). » C'est donc la foi au Christ, d'après Arnobe, qui donne aux miracles leur vrai sens et leur destination, et n'est-ce pas vers le même but que tendaient toutes les œuvres accomplies par Jésus. Son témoignage est appuyé sur de telles garanties, qu'elles nécessitent une entière adhésion. Si les Juifs la lui ont refusée, c'est, dit Tertullien (2), par suite d'une infidélité coupable et d'un aveuglement volontaire. Dieu les a punis, en les abandonnant à leur fausse sagesse et à leur vaine science

3. Les Pères défendent aussi la mission divine de Jésus-Christ sous une forme indirecte : en démontrant *le caractère temporel du mo-*

____

(1) *Joan.*, XIV, 11. — Voir dans Arnobe, *Adv. gentes*, liv. I, ch. XXXV et L.
(2) *Adv. Marcionem*, liv. III, ch. VI.

saïsme. L'ancienne alliance est abolie ; c'est donc qu'une autre a pris naissance, et de celle-ci Jésus-Christ est le chef. Il est venu l'inaugurer en fondant le royaume messianique annoncé par les prophètes. Si les Juifs en ont méconnu le sens, il n'en est pas moins doué d'un caractère universel, pacifique et spirituel. Or ce royaume a déjà commencé de s'établir ; peu à peu il va supplanter le judaïsme, dont la raison d'être, toute provisoire, va définitivement disparaître dans un passé qui était fait d'attente.

Quelle qu'en soit la date, *l'épître du pseudo-Barnabé* combat ferme le judaïsme ; l'offensive y est même si hardie, que tout, d'après l'auteur, eût été figuratif dans l'ancienne Loi, sans aucun caractère obligatoire. Malgré l'excès, retenons l'idée : elle implique un rejet absolu des pratiques judaïsantes que des chrétiens à tendances étroites se montraient disposés à continuer ou à reprendre. La possession d'un bien meilleur annule, ou, pour le moins, rend superflu tout autre bien. Celui-ci n'a de valeur que par l'annonce de celui-là ; cette valeur cesse avec la venue de Jésus-Christ, « vrai fils de Dieu paru tout dernièrement et revêtu d'une chair mortelle ».

Plus modéré est saint Justin dans le *Dialogue avec le juif Tryphon*. Non seulement il attribue au judaïsme le caractère d'une institution divine ; mais il lui reconnaît une efficacité relative, puisque sa morale et ses observances cérémonielles étaient très pures et hors de toute attaque. Il se borne à reprocher aux Juifs leur entêtement à méconnaître l'apparition du nouveau royaume prédit par les prophètes (1). Au

____

(1) *Dial. av. Tryph.*, XI.

lieu de s'y rallier, ils s'obstinent à conserver des pratiques surannées, la circoncision, les sacrifices sanglants, le sabbat, qui ont désormais, devant la pleine lumière apportée au monde par Jésus-Christ, perdu leur force et leur utilité. D'ailleurs ces pratiques elles-mêmes ne sont plus observées par les Juifs, que comme des actes extérieurs, dénués de tout sens intime et spirituel ; de plus elles se restreignent à des limites fort étroites, celles du peuple d'Israël. Un tel état de choses ne pouvait avoir une durée sans fin ; aussi la loi ancienne a été remplacée par une autre plus parfaite, que le Messie a promulguée au bénéfice de toutes les nations également appelées à la connaître et à la pratiquer (1).

Ce que nous savons du *Dialogue entre Jason et Papiscus* par Ariston de Pella permet de supposer que les mêmes idées y étaient traitées. Du moins se conclut-il par la conversion du juif Papiscus, qui confesse que Jésus est vraiment le Fils de Dieu.

Tertullien mène aussi contre les Juifs une controverse assez vive, destinée à les convertir aux nouvelles croyances. Avant d'appliquer à Jésus-Christ les prophéties de l'ancien Testament et de prouver leur réalisation complète, il cherche, comme ses prédécesseurs, à établir le caractère typique, local et temporaire des institutions mosaïques ; la circoncision charnelle n'était qu'un signe de la circoncision spirituelle, les sacrifices matériels et extérieurs n'étaient que le symbole d'une immolation spirituelle et intérieure et surtout du sacrifice très pur

____

(1) *Ibid.*, XII à XLVIII.

prédit par Malachie ; de même pour le sabbat
hebdomadaire qui est l'image de l'éternel
sabbat. Dès lors que les divers éléments de
la loi mosaïque disparaissent devant les réalités
qu'ils figuraient, la loi elle-même est abrogée
et doit faire place à la loi éternelle du Christ,
ère nouvelle destinée à subsister toujours (1).

Suivant la même disposition que Tertullien,
saint Cyprien fait précéder le second livre relatif
aux prophéties messianiques (2) d'un premier
traité, où se trouve discutée d'après les Ecritures
la question du judaïsme. Il s'attache à démontrer
que « les Juifs, selon les antiques prédictions,
se sont éloignés de Dieu et ont perdu la grâce
du Seigneur, qui leur avait été donnée dans le
passé, promise pour l'avenir ; à l'ancien peuple
de Dieu a été substitué le peuple chrétien, dont
la foi a mérité la protection du Seigneur et qui
vient à lui de toutes les nations comme de toutes
les parties de la terre ». Ici encore nous retrou-
vons le même groupement de prophéties précé-
dées d'une courte indication qui en expose le
sujet sans commentaire.

Voilà donc précisée à nouveau contre les
Juifs la nécessité de renoncer à leurs synagogues
stériles et de reconnaître la religion chrétienne.
Les Pères les ont combattus avec leurs propres
armes ; désormais ils ne peuvent plus se retran-
cher derrière l'autorité des Livres Saints, puisqu'ils témoignent contre eux en faveur d'un
testament nouveau. La démonstration chrétienne
pourrait en rigueur se borner à ces points
définitivement acquis ; à travers la confusion
des erreurs païennes et des prétentions juives,

(1) *Adv. Judaeos*, I à VI
(2) Voir plus haut p. 41.

elle nous a conduits à la vérité. Il reste à voir
à qui Jésus, le chef de la nouvelle alliance, a
confié la charge de continuer sa mission divine.

CHAPITRE VI

L'Eglise, dépositaire de la Révélation.

1. *Apostolicité*. — 2. *Unité*. — 3. *Primauté
de l'Eglise de Rome*.

Ayant à indiquer les étapes successives qui
marquent dans l'apologétique des Pères une
initiation progressive à la foi chrétienne, nous
croyons inutile de rapporter sur l'Eglise toutes
les prérogatives qu'ils lui ont attribuées. Il
suffira, pour remplir notre but, de montrer,
d'après les Pères, que l'Eglise est comme le
prolongement réel et vivant de Jésus-Christ et
l'héritière des Apôtres, qu'à elle, *à elle seule*,
est dévolu le soin de continuer leur œuvre et de
garder leur doctrine, enfin que sur toutes les
Eglises celle de Rome a *droit de primauté*.
Tels sont les trois points que nous devons
examiner successivement.

1. — L'*Apostolicité* de l'Eglise peut s'entendre
en un double sens : celui de la doctrine et celui
du ministère.

La doctrine enseignée par l'Eglise est bien
celle de Jésus-Christ. C'est d'abord Irénée, le
grand tenant de la tradition, qui en fait foi.
« C'est, dit-il, au sein de l'Eglise que les Apôtres
ont placé le riche dépôt qui contient avec abon-
dance tout ce qui appartient à la vérité du

christianisme ; c'est à cette source de vie que
chacun peut venir puiser selon ses besoins... et
s'il s'élevait un dissentiment entre les chrétiens,
*ne faudrait-il pas avoir recours aux Eglises
les plus anciennes, celles qui ont reçu leurs
instructions des Apôtres eux-mêmes* (1) ? »

Quant aux Apôtres, il est hors de conteste
qu'ils possédaient la vérité, puisqu'ils étaient
« les disciples du Christ ou de la vérité » ; mais
l'ont-ils annoncée telle qu'ils l'avaient reçue en la
gardant de toute altération ? N'ont-ils pas cédé
à une prétendue nécessité de s'accommoder aux
circonstances, en conformant leurs doctrines à
la capacité de leurs auditeurs ? Saint Irénée
répond à cette objection, qu'une telle complai-
sance eût compromis singulièrement leur mission, puisqu'ils étaient envoyés pour ramener
à la vérité ceux qui étaient dans l'erreur ; or,
dit-il, « quel est le médecin qui, pour guérir un
malade, agirait plutôt d'après les fantaisies de
son malade que d'après les principes de son
art ? » (2) La tradition apostolique est donc pour
la doctrine de l'Eglise une garantie de vérité.

Outre cela l'Eglise possède les Ecritures ; c'est
là qu'est le trésor caché qui renferme les enseignements de Jésus-Christ et des Apôtres. A qui
revient la charge de les interpréter ? A leurs
successeurs sans doute ; à ceux qui, avant la
succession des évêques, ont reçu un charisme
assuré de vérité et donnent l'exemple d'une vie
honnête et irréprochable. Ils continuent ainsi au
sein de l'Eglise les traditions de zèle et de piété
de Moyse, Samuel et saint Paul ; c'est parmi eux
que le Seigneur a établi un sanctuaire, où il

(1) *Adv. haer.*, liv. III, ch. IV.
(2) *Ibid.*, ch. V.

entretient dans toute sa pureté la parole du salut (1).

Le traité *des Prescriptions* expose encore avec plus de netteté le point d'attache qui réunit l'Eglise aux Apôtres. Tertullien part de ce fait que Notre-Seigneur s'est choisi douze apôtres auxquels il a communiqué les secrets de sa doctrine, avec charge de les répandre parmi les nations. La foi ainsi prêchée s'est conservée dans les premières Eglises ; celles-ci ont, pour ainsi dire, essaimé autour d'elles en fondant d'autres églises, qui peuvent ainsi se réclamer d'une origine apostolique. De cette propagation à travers le monde, il appert que la vérité doit se chercher au sein même de l'Eglise qui est l'ensemble de toutes les communautés chrétiennes ; les sectes séparées ne sont et ne peuvent être que l'œuvre du mensonge (2).

Ce premier point acquis, Tertullien lève un doute qui pourrait surgir touchant la transmission des enseignements du Christ. Les Apôtres, d'abord, ont-ils prêté au Sauveur une docilité, ou tout au moins une intelligence excluant toute erreur ? Hypothèse indéfendable, vu la haute mission qui leur fut confiée ; ils ont mérité des reproches, mais qui visaient leur conduite, et non leur doctrine. D'autre part, les Eglises qu'ils ont fondées n'ont-elles pas faussé leur enseignement ? Les réprimandes sévères dont saint Paul charge les Galates et les Corinthiens autoriseraient à le penser. Mais d'autres n'ont reçu que des éloges pour leur foi, leur science, leur conduite ; celles-là du moins méritent créance,

(1) *Adv. haer.*, liv, IV, ch. **xxvi**.
(2) *De Praescr.*, XV à XXI.

puisqu'elles ont fidèlement gardé l'enseignement
apostolique (1).

Tertullien poursuit son argumentation, que
nous résumons d'après un critique de haute
valeur : « Quand même les Eglises apostoliques
auraient pu altérer l'enseignement qui leur a été
transmis par les Apôtres, l'hérésie n'en serait
pas plus avancée, et n'aurait encore aucun titre
à se présenter comme l'interprète de la vérité.
Elle est venue, en effet, après coup ; elle est une
innovation ; voilà ce qui la marque du sceau de
l'erreur ; voilà ce qui la condamne (2). »

L'Eglise est encore apostolique en raison de
son ministère, c'est-à-dire qu'elle présente depuis
les Apôtres une succession de ministres ininter-
rompue. Saint Irénée dresse même à ce sujet le
catalogue des papes qui ont présidé à l'Eglise
de Rome, la plus ancienne et la plus grande.
Celle de Smyrne fut dirigée par Polycarpe qui
n'a pas seulement vécu avec les Apôtres, mais
a été par eux établi en Asie. Celle d'Ephèse, qui
a été fondée par saint Paul, où Jean a demeuré
jusqu'au temps de Trajan, est aussi un témoin
véridique de la tradition apostolique (3). Tertullien dit de même aux hérétiques qui veulent
s'arroger une date apostolique : « Faites-nous
voir l'origine de vos églises, l'ordre et la succession de vos évêques, prouvez-nous ainsi que
vous remontez jusqu'aux apôtres ou jusqu'à un
homme apostolique qui leur a succédé. Ainsi
font les Eglises vraiment apostoliques : l'Eglise
de Smyrne nous montre Polycarpe établi par
Jean ; celle de Rome, Clément établi par Pierre ;

(1) *De Praescr.*, XXII à XXIX.
(2) Turmel, *op. cit.*, p. 52.
(3) *Adv. haer.*, liv. III, ch. III.

les autres Eglises présentent aussi l'origine des hommes qui ont reçu des Apôtres l'épiscopat (1). »

2. Un autre caractère où les Pères reconnaissent l'Eglise, seule et vraie héritière de Jésus, c'est *son unité*. Ils envisagent et traitent ce caractère à tous points de vue, mais s'attardent plus volontiers, les Pères grecs surtout, à l'unité de foi. Chez nous, disent-ils, point d'opinions variables, ni de conceptions fantaisistes qui éclosent au gré des philosophes. Notre foi est une ; les deux testaments où elle puise professent la même doctrine et ne se distinguent que par l'époque où ils ont paru, suivant la volonté d'un Dieu unique. C'est Clément d'Alexandrie qui s'exprime ainsi, suivant en cela la tradition des Pères apostoliques.

Saint Ignace revient à tout instant sur l'unité de foi qui, à son sens, caractérise si bien l'Eglise de Jésus-Christ. Les épîtres aux Ephésiens, aux Magnésiens, aux Philadelphiens, aux Smyrnéens, sont pleines d'une sollicitude touchante, soucieuse de grouper autour de Jésus, le divin Pasteur, tous les esprits et tous les cœurs. C'est qu'en effet l'hérésie déjà se dressait menaçante, prenant mille formes diverses également dangereuses ; il importait, dans la confusion où les esprits pouvaient si facilement s'égarer, d'indiquer un point fixe auquel ils se rallieraient sans crainte. Ce point fixe, c'est l'union dans la foi, garantie par la hiérarchie ecclésiastique : « Chantez à l'unisson, dit-il aux Ephésiens, l'hymne au Seigneur ; que toutes les voix s'accordent à proclamer par Jésus-Christ la gloire du Père qui aime alors à nous entendre ; car il

(1) *De Praesc.*, XXXII.

reconnaît à cette union les vrais membres de son Fils. Il est de votre intérêt d'entretenir parmi vous cette unité si belle qui vous identifie avec Dieu lui-même. » Saint Polycarpe recommande de même aux Philippiens la charité fraternelle, qui fait l'union des cœurs, comme le symbole des vérités chrétiennes forme l'union des intelligences.

Adversaire implacable des hérétiques, saint Irénée ne se lasse pas d'opposer à leurs divagations la constante fixité de la vérité transmise et fidèlement gardée par l'Eglise. Après avoir fait une dernière fois au V⁰ livre le procès de toutes les erreurs, il montre la voie unique, où l'Eglise conduit les fidèles à la suite des Apôtres : « Ils ont tous, dit-il, une même foi ; ils croient en un seul et même Dieu le Père, à l'Incarnation de son Verbe et au Saint-Esprit, auteur de tous les dons. Ils suivent les mêmes commandements, se rangent aux règles d'une même discipline, attendent la dernière venue du Christ pour juger le monde, croient tous au même salut pour le corps et pour l'âme... partout l'Eglise montre aux hommes la même voie de salut (1). »

Une dans sa foi, l'Eglise l'est encore dans sa hiérarchie et dans son culte. Ainsi se complète l'harmonie merveilleuse, dont l'ensemble de tous ses membres offre le spectacle. Il s'agit maintenant d'une harmonie extérieure et visible. C'est pourquoi saint Cyprien la compare à la robe sans couture du Christ, à un soleil, foyer commun d'où les rayons s'échappent. Ce foyer est la primauté donnée à Pierre ; de lui, comme d'un centre unique, rayonne l'épiscopat, dont les différents chefs forment un seul corps, ayant

(1) *Adv. haer.*, liv. V, ch. xx.

même origine et destiné au même apostolat (1). La raison de cette unité, c'est que l'Eglise se modèle sur Dieu qui est un, sur le Christ qui est un et dont elle est l'épouse ; et comme l'épouse ne forme plus qu'une seule chair avec l'époux, ainsi l'Eglise est le vrai corps du Christ, dont on ne peut se séparer sans adultère (2).

C'est dans le même sens que saint Irénée disait des schismatiques, qu' « ils brisent et divisent le glorieux corps de Jésus-Christ et ne craignent pas de lui faire tout le mal possible » (3). Et avant lui, le pape Clément reproche aux Corinthiens leurs discordes : « N'avons-nous pas un même Dieu, un même Christ, une même vocation en Jésus-Christ ? Pourquoi déchirer ses membres et les mettre en lambeaux ? Pourquoi faire la guerre à notre propre corps ? » D'autres, comme Tertullien, comparent l'Eglise à l'arche de Noé, à la barque de Pierre, marquant par ces symboles la cohésion qui relie toutes les parties de l'édifice total.

3. Au sommet de cet édifice, un dernier signe en achève le couronnement : *la primauté de l'Eglise romaine*. En mainte page de ses écrits, saint Cyprien consacre et établit cette vérité, que la chaire de saint Pierre est le principe de l'unité dans l'Eglise universelle. C'est en vertu de l'autorité primordiale confiée à Pierre par Jésus, qu'il anathématise les schismatiques Félicissime et Novatien. L'Eglise romaine est « la racine et la matrice de l'Eglise catholique » (4). C'est d'abord à Pierre que le Sei-

(1) *De Unitate Eccl.*, IV à VIII.
(2) *Op. cit.*, passim.
(3) *Adv. haer.*, liv. IV, ch. XXXIII.
(4) *Ep.* XLIV et LV. — Voir aussi, *Ep.* XL, LXIX, LXX, LXXI, LXXIII.

gneur a déclaré : « Je te dis que tu es Pierre, et sur cette pierre je bâtirai mon Eglise, et les portes de l'enfer ne prévaudront pas contre elle (1). » La mission des Apôtres impliquait sans doute les mêmes pouvoirs que celle de Pierre ; mais celle-ci a précédé, elle a été « le point de départ, pour bien montrer qu'il n'y a qu'une seule Eglise du Christ et une seule chair (2) ».

Cette démonstration de la primauté romaine, nous la trouvons déjà aux premiers âges des temps apostoliques. Saint Clément, évêque de Rome, adresse aux Corinthiens des admonestations, qui sont celles d'un juge hautement autorisé ; saint Ignace reconnaît à l'Eglise de Rome une supériorité qu'il affirme clairement au début de l'Epître aux Romains : les éloges qu'il lui décerne témoignent d'un profond respect pour ses titres de grandeur, et convaincu de sa prééminence, il salue humblement « cette Eglise chérie, éclatante de lumière, qui commande à toutes les autres dans la capitale de l'empire romain, Eglise si digne de Dieu, si justement heureuse, si bien gouvernée, aux vertus si pures, à la charité si parfaite, dépositaire de la loi de Jésus-Christ, et appelée du nom d'Eglise du Père. » Elle est, ajoute saint Irénée, la plus grande et la plus ancienne, connue de tous ; fondée par les glorieux Apôtres, Pierre et Paul, elle impose, par son éminente principauté, sa croyance à toutes les autres Eglises (3). » Son évêque, reprend Tertullien, est l'évêque apostolique, l'évêque des évêques, le pontife suprême,

(1) Matth., XVI, 18-19.
(2) *De Unitate Eccl.*, IV.
(3) *Adv. haer.*, liv. III, ch. III.

le successeur de Pierre qui a reçu les clefs du royaume céleste (1). Comme saint Ignace, Tertullien proclame heureuse l'Eglise de Rome, « en qui les Apôtres ont répandu avec leur sang la plénitude de la doctrine (2) ». Grâce à ce dépôt, « elle a donné naissance à toutes les autres Eglises qui s'identifient avec elle (3) ».

En se fractionnant à l'infini, l'Eglise n'est donc pas exposée à se dissoudre, et si tant de schismes et d'hérésies se sont produits au cours des siècles, c'est pour avoir méconnu la source féconde de lumière et de vérité qui a son centre à Rome. Vers elle doit aboutir toute recherche sur Dieu et les choses de la foi, parce qu'en elle se trouve caché le précieux dépôt des vérités chrétiennes apporté au monde par Jésus-Christ, fidèlement transmis par les Apôtres, et pieusement gardé depuis par la Tradition vivante des évêques unis au Pape.

CHAPITRE VII

Les Pères et l'Immanence. — Conclusion.

Nous avons parcouru les divers points qui forment l'objet de l'apologétique traditionnelle ; tous, on l'a vu, se trouvent plus ou moins développés et précisés chez les Pères des premiers siècles. Aussi est-ce de leur méthode que nous tenons la nôtre, celle qu'aucune ne remplace, parce qu'elle s'appuie sur des raisons *objectives*, partant invariables et fixes, auxquelles se reconnaît sûrement le dépôt de la Révélation. Dieu

(1) *De pud.*, XXI.
(2) *De Praesc.*, XXXVI.
(3) *Ibid.*, XX.

a parlé, Dieu a garanti sa parole : l'apologétique devra toujours, sous peine d'échec et pour rester ce qu'elle est essentiellement, tenir compte de ces deux faits, en étudier la portée, en mesurer les conséquences et conclure théoriquement : la foi est raisonnable. Théoriquement, disons-nous ; car ce jugement n'est pas l'acquiescement de l'intelligence aux vérités religieuses ; il n'en est que la justification rationnelle (1).

Mais il est un travail *d'adaptation prélimi-naire* qui prépare l'esprit à l'exposé historique des titres de créance du christianisme. Tel est du moins le résultat que revendiquent les par-tisans de la méthode d'immanence. Entendue en ce sens, cette méthode a-t-elle des points d'attache dans le passé et peut-elle invoquer des témoignages dans la période que nous étudions ?

Disons d'abord qu'aucun auteur n'en donne la formule, et surtout ne la présente comme suffi-sante. On la connaît pourtant, pour avoir peut-être expérimenté en soi certain besoin de lumière plus vive, plus pure, plus complète. Les Pères qui ont passé du paganisme à la religion chrétienne ont connu ces désirs d'une vérité plus abondante que postulait leur raison, inquiète. Une fois entrés en possession de ce bien, ils analysent, sous réserve des influences et de la grâce divines, la voie qui les y a conduits. En général, ils y découvrent une concordance par-faite entre le christianisme, et la nature, les aspirations, les lois de l'esprit humain. C'est

(1) Nous nous permettons de signaler à ce sujet un intéressant article de F. Dubois sur *la Crise récente de l'Apologétique* (Revue du Clergé Français, 15 juin 1904). L'auteur y note, avec une sûreté de coup d'œil et une précision remarquables, les rapports qui devront joindre, dans la préparation à la foi, la méthode immanente à la méthode traditionnelle.

pourquoi ils font usage de cette ressource, qui leur donne prise plus facile sur l'esprit des païens. Ils ont ainsi un point de contact tout préparé, puisqu'il prend sa source au fond de l'âme humaine.

Un premier germe de la méthode d'immanence est contenu implicitement dans la théorie du Logos, professée par saint Justin et que reprendra plus tard l'école d'Alexandrie. Or cette théorie se réduit aux points suivants : le monde ancien est arrivé à une certaine somme de vérités morales et religieuses ; s'il les doit en partie à la révélation primitive qui, en dépit d'altérations profondes, aurait laissé quelques vestiges dans la conscience des peuples, il est aussi, à un titre au moins égal, redevable de ces vérités aux forces naturelles de la raison. Celle-ci n'est au fond qu'une participation à la raison divine, au Verbe divin qui, par son action illuminatrice, lui découvre l'horizon des vérités supérieures. Mais « cette semence divine », que le Verbe a déposée dans toutes les âmes, n'a poussé que de frêles tiges avant la descente de Dieu sur la terre ; l'épanouissement qui lui manquait fut apporté au monde par le Verbe fait chair, source de toute lumière et de toute perfection. La religion chrétienne qu'il a fondée apparaît donc comme le foyer universel où convergent toutes les facultés de l'âme humaine, qui s'y reposent dans la pleine possession de la vérité.

Malgré quelques divergences de détail, Clément d'Alexandrie enseigne la même doctrine. A côté de coups terribles portés à la philosophie grecque qu'il accuse de plagiat, il lui reconnaît une part d'originalité. Elle la doit aux forces naturelles de la raison qui se sont développées, même au sein du paganisme, sous la direction du Verbe divin, le grand pédagogue de l'humanité. Ce résultat était destiné, dans la pensée de Dieu, à servir d'introduction à la Révélation chrétienne. En attribuant ce rôle à la philosophie grecque, Clément fait preuve d'un esprit de conciliation susceptible de lui gagner des sympathies, ou, pour le moins, de rendre le christianisme plus acceptable. Outre cela, il faut noter, comme pour saint Justin, l'impuissance dont il accuse l'esprit humain, autonome et indépendant, à dépasser certaines limites, et par suite son besoin d'une vérité plus complète. Et justement cette vérité, c'est le christianisme qui la lui offre. Cela ressemble aux exigences de la raison, qui, d'après la théorie immanentiste, trouverait dans la révélation chrétienne une réponse satisfaisante aux grandes questions d'ordre intellectuel ou moral qu'elle-même ne peut résoudre.

Origène montre aussi à quelle profondeur le christianisme prend naissance dans les dispositions naturelles de l'âme humaine. Mais il n'en fait pas l'objet d'un exposé complet et ne s'y attache que brièvement et par occasion (1). Tertullien est plus net ; il consacre même tout un traité à une démonstration nouvelle qu'il présente sous le nom de *Témoignage de l'âme* et qui a bien des rapports avec la doctrine moderne de l'immanence. La voici dans ses lignes générales : libre de tout préjugé de race, d'école et d'éducation, prise dans la rudesse de son ignorance originelle, l'âme est un point d'appui, le plus ferme

____

(1) *Contra Cels.*, liv. I, ch. IV, — liv. III, ch. XL.

peut-être, des croyances chrétiennes. Par une inclination naturelle, elle est portée à rendre témoignage à certaines vérités du christianisme, soit l'existence de Dieu, son unité, sa justice, sa bonté, soit la réalité d'une sanction après la mort, et conséquemment l'immortalité et même la résurrection future. D'où cette conclusion que l'âme est « *naturellement chrétienne* » (1). Tertullien n'entend pas soutenir qu'elle puisse, de son propre fonds et par ses seules forces, s'élever jusqu'aux mystères de la foi. Il lui suffit de constater que, si l'âme fait écho à certaines vérités du symbole catholique, il y a entre elle et le christianisme un rapport de conformité qui la prépare merveilleusement à l'ordre surnaturel et divin. N'est-ce pas en un sens le principe de l'immanence qui, répudiant l'idée kantienne de l'*autonomie absolue* de la raison, mais reconnaissant à celle-ci une tendance naturelle au vrai, proclame l'étroite correspondance des dogmes avec les aspirations spontanées de l'âme humaine.

Nous sommes ainsi amenés, au terme de cette étude, à constater le point de contact qui fait accorder la raison avec la foi. Quelques Pères, en y insistant, ont donné à leur démonstration apologétique par les faits miraculeux un surcroît de force et de lumière. Retenons de là que la méthode traditionnelle n'est pas nécessairement fermée à toute innovation, ou, pour mieux dire, à tout complément utile qui vise une adaptation particulière du dogme à telle époque ou à telle classe d'individus. Restreinte à ces limites, la

______

(1) Ce fameux texte est tiré de l'*Apologétique*, XVII ; nous le reprenons ici, parce qu'il résume bien la pensée de Tertullien, exprimée et développée dans le traité du *Témoignage de l'âme*.

méthode d'immanence peut avoir ses avantages ; elle diminue l'obstacle qui arrête l'effort de l'âme vers la vérité. Mais au seuil de celle-ci, un nouveau guide s'impose qui soumet à une enquête les différents motifs de crédibilité. Nous avons vu les Pères démarquer les étapes de cette marche progressive vers la foi. Ils ont ainsi établi les bases de la véritable apologétique, celle-là même que nous devons suivre. Quant à la rendre efficace, nous n'y pourrons prétendre plus qu'eux-mêmes, la foi étant par excellence le don gratuit de Dieu.

TABLE DES MATIÈRES

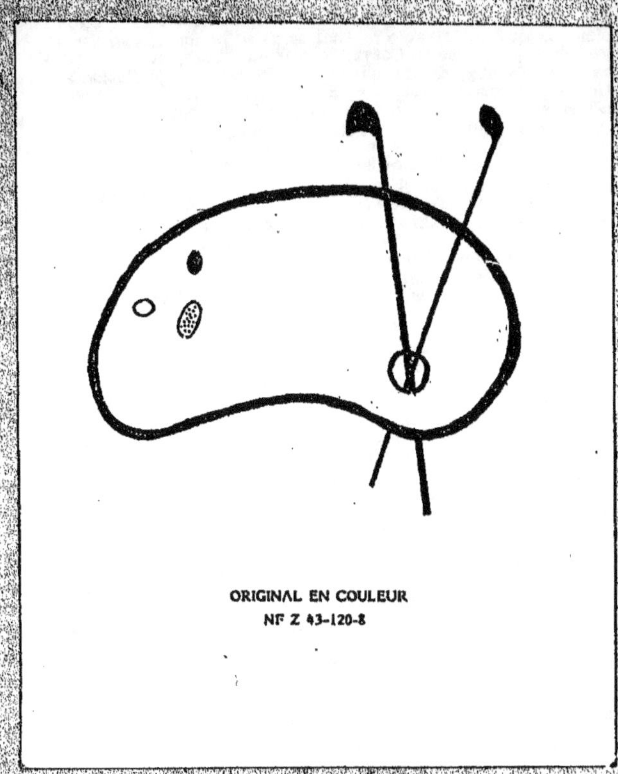

ORIGINAL EN COULEUR
NF Z 43-120-8

SCIENCE ET RELIGION

Études pour le temps présent. — Prix 0 fr. 60 le vol.

87 **L'Autorité humaine des Livres saints**, par le P. Méchineau, S. J... 1 vol.

88 **Qu'est-ce que le Miracle ?** *Analyse de sa notion. Ses éléments constitutifs*, par l'abbé E. Coste, docteur en philosophie.. 1 vol.

89 **Les Trois formes du Surnaturel.** *Le Miracle, la Révélation et la Grâce*, par Pierre Vallet, P. S. S................. 1 vol.

90 *Du même auteur :* **Dieu principe de la loi morale...** 1 vol.

91-92 **La Bible depuis ses origines jusqu'à nos jours**, par l'abbé C. Chauvin, consulteur de la « *Commission biblique* » 2 vol.
Chaque volume se vend séparément.

  I. — *La Bible chez les Juifs*.................... 1 vol.
  II. — *La Bible dans l'Église catholique*........... 1 vol.

93-94-95 **Etudes sur l'origine de la Société**, par le R. P. Montagne, professeur à l'Institut catholique de Toulouse............ 3 vol.
Chaque volume se vend séparément.

  I. — *La Théorie du Contrat social*.............. 1 vol.
  II. — *La Théorie de l'Organisme social, d'après l'École naturaliste*.............................. 1 vol.
  III. — *La Théorie de l'Etre social, d'après saint Thomas d'Aquin* 1 vol.

96 **Le Problème de la Souffrance humaine.** — *Pourquoi souffrir ? Triple réponse chrétienne*, par le P. Badet, de l'Oratoire. 1 vol.

97 **Le Matérialisme et la Nature de l'Homme**, par M. l'abbé G. Contestin.............................. 1 vol.

98 99 100 **Le Mouvement religieux en Angleterre au XIXᵉ siècle**, par le R. P. Ragey.................. 3 vol.
Chaque volume se vend séparément.

  I. — *L'Anglicanisme*.......................... 1 vol.
  II. — *Le Ritualisme*............................ 1 vol.
  III. — *Le Catholicisme en Angleterre*............. 1 vol.

101 **La Liberté d'Enseignement.** *Aperçu historique*, par M. Laurent.............................. 1 vol.

102 103 104 **Rivalités scientifiques, ou la Science catholique et la prétendue impartialité des historiens**, par le R. P. Ortolan. 3 volumes se vendant séparément.

  I. — *La Manie du dénigrement*................. 1 vol.
  II. — *Les Fausses Réputations*................. 1 vol.
  III. — *Les Oubliés*........................... 1 vol.

105 **L'Occultisme contemporain.** — *Ses doctrines et ses divers systèmes*, par Charles Godard, Docteur ès lettres...... 1 vol.

106 **Evolution, Progrès et Liberté**, par Pierre Vallet, P. S. S.............................. 1 vol.

107 **Les Morts reviennent-ils ?** par I. Bertrand....... 1 vol.

108 **Les Qualités de l'Educateur**, par J. Guibert, P. S. S. 1 vol.

109 **La Bible et les théories scientifiques.** — *L'Église infaillible gardienne des divines Ecritures. Son attitude en face de la science*, par l'abbé Bénoni Colomer, professeur d'Ecriture Sainte. 1 vol.

110 **L'Origine apostolique du Nouveau Testament**, par le P. Lucien Méchineau, S. J.................. 1 vol.

111 **Hasard ou Providence.** — *Le Problème des causes finales*, par le R. P. J.-D. Folghera, O. P.................. 1 vol.

112 **La Conservation de l'Energie et la Liberté morale**, par le R. P. de Munnynck, O. P.................. 1 vol.

113 114 **Le Péché originel dans Adam et ses descendants.** *Exposé apologétique*, par le R. P. Le Bachelet, S. J., 2 vol. Prix : 1 fr. 20